3.-6. Schuljahr

Hans J. Schmidt

Zeichenspaß mit Spiegelbildern

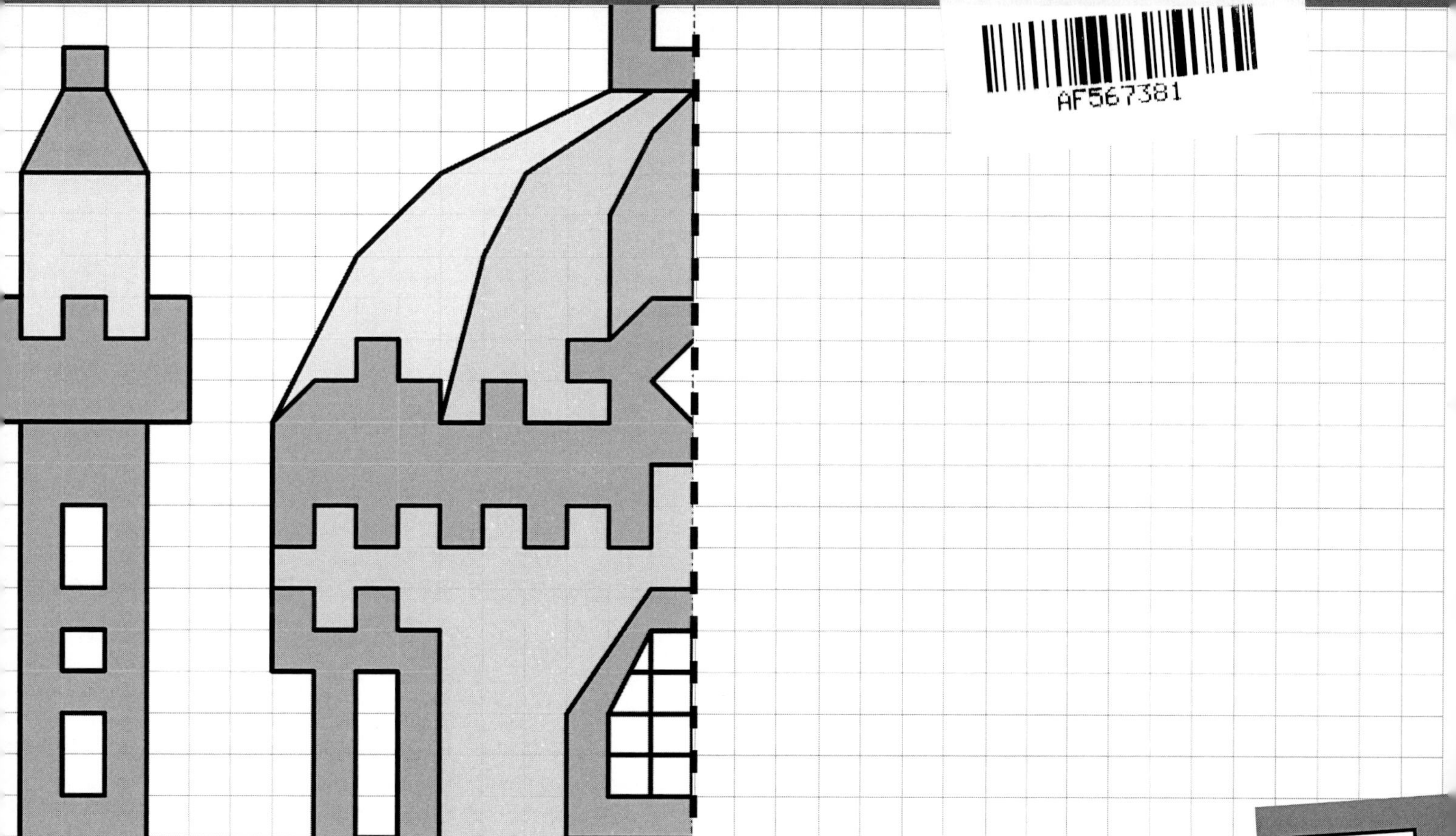

Geometrische Grunderfahrungen

Stärkung von Konzentration und Durchhaltevermögen

www.kohlverlag.de

Zeichenspaß mit Spiegelbildern

Geometrische Grunderfahrungen sammeln

7. Auflage 2024

Inhalt: Hans J. Schmidt
Redaktion: Kohl-Verlag
Grafik & Satz: Kohl-Verlag
Druck: farbo prepress GmbH, Köln

Bestell-Nr. 11 237

ISBN: 978-3-86632-480-0

Inhalt

Vorbemerkungen

Das einfache Herstellen achsensymmetrischer Figuren durch Falten, Schneiden und Zeichnen dient zur Gewinnung geometrischer Grunderfahrungen, die zu einem späteren Zeitpunkt (Klasse 6) zum Entdecken von Abbildungseigenschaften herangezogen werden.
Figuren heißen **achsensymmetrisch**, wenn man durch sie eine Gerade (**Symmetrie**- oder **Spiegelachse**) zeichnen kann, sodass die eine Seite der Figur Spiegelbild der anderen ist.
Im täglichen Leben - speziell in der Natur - finden wir eine Vielzahl achsensymmetrischer Figuren (Kristalle, Pflanzen, Gebäude wie das Brandenburger Tor, Autos, Verkehrszeichen, Nationalflaggen, etc.).
Die Mappe Spiegelbilder enthält zwanzig Vorlagen, die nach Schwierigkeitsgrad geordnet sind. Diese Vorlagen lassen sich mit Hilfe eines Lineals problemlos ergänzen, weil ein Quadratgitter untergelegt ist. Das Arbeiten mit dem Geodreieck erfolgt zu einem späteren Zeitpunkt. Dennoch hat sich herausgestellt, dass viele Schülerinnen und Schüler später in der Sekundarstufe I Schwierigkeiten haben, Kästchen abzuzählen und die Figuren ordnungsgemäß zu ergänzen. Für lernschwache Schülerinnen und Schüler empfiehlt es sich für den Unterrichtenden, mit Hilfe eines Taschenspiegels zu zeigen, wie die Figuren zu ergänzen sind.
Um eine Differenzierung zu ermöglichen, wurden zu jeder Vorlage drei Entwürfe unterschiedlichen Schwierigkeitsgrades angefertigt:

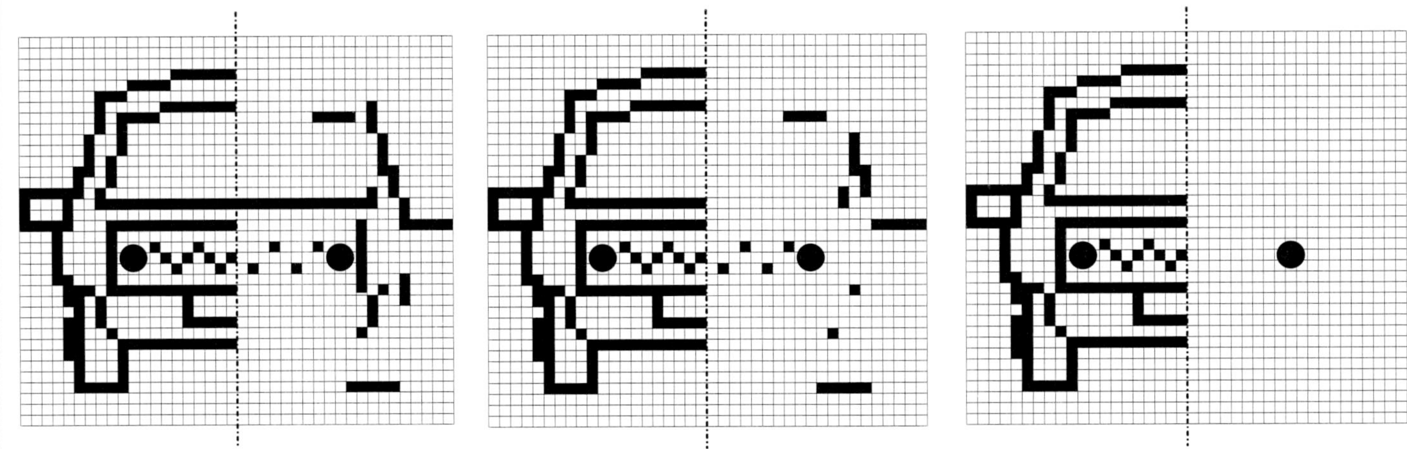

Schwierigkeitsgrad 1 · *Schwierigkeitsgrad 2* · *Schwierigkeitsgrad 3*

Die Bearbeitungszeit, die sich nach Qualität der Ausführung und Komplexität des Bildes richtet, liegt zwischen 15 Minuten und einer Schulstunde. Schülerinnen und Schüler, die sich nicht schwer tun mit der Bearbeitung, können die Bilder farbig anlegen. Spiegelbilder üben auf Kinder einen besonderen Reiz aus. Sie erkennen sehr schnell, dass nur sauberes exaktes Zeichnen zu einem »schönen« Ergebnis führt.
Aber nicht nur das saubere Zeichnen wird geübt, sondern es werden auch noch die Konzentration, die Wahrnehmung und das Durchhaltevermögen gestärkt.

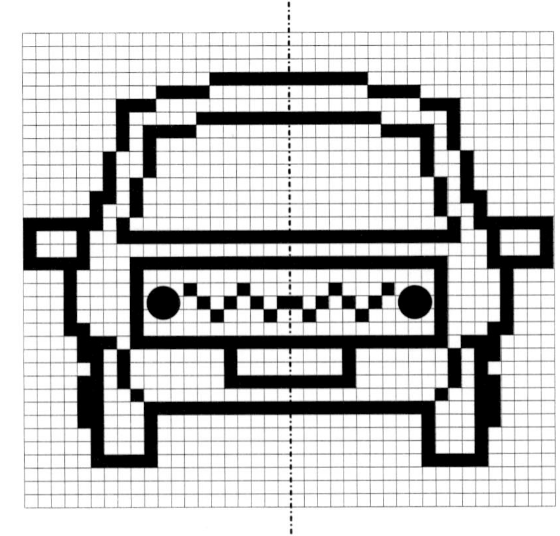

Die Einsatzmöglichkeiten für Spiegelbilder ergeben sich

- im Bereich der freien Arbeit und der Arbeit nach dem Wochenplan;
- beim Zeitausgleich, wenn schneller arbeitende Schülerinnen und Schüler so lange sinnvoll beschäftigt werden müssen, bis der Rest der Klasse herangeführt ist;
- im Bereich der Hausaufgaben. Es hat sich gezeigt, dass Schülerinnen und Schüler selbst sehr komplexe Bilder wie z. B. die Giraffe gerne zusätzlich bearbeiten und ausmalen.

Speziell für Schülerinnen und Schüler, die linkshändig sind, empfiehlt es sich, die Vorlagen auf Folie zu kopieren. Anschließend kopiert man diese Folie spiegelbildlich für Linkshänder.

Viel Erfolg mit diesen Kopiervorlagen wünschen Ihnen der Kohl Verlag und Hans J. Schmidt.

Zeichenspaß mit Spiegelbildern

Zeichne ein vollständiges Auto, indem du auf der rechten Seite die entsprechenden Kästchen ausmalst. Sei vorsichtig, ganz so einfach ist das nicht! Male dein Bild farbig aus.

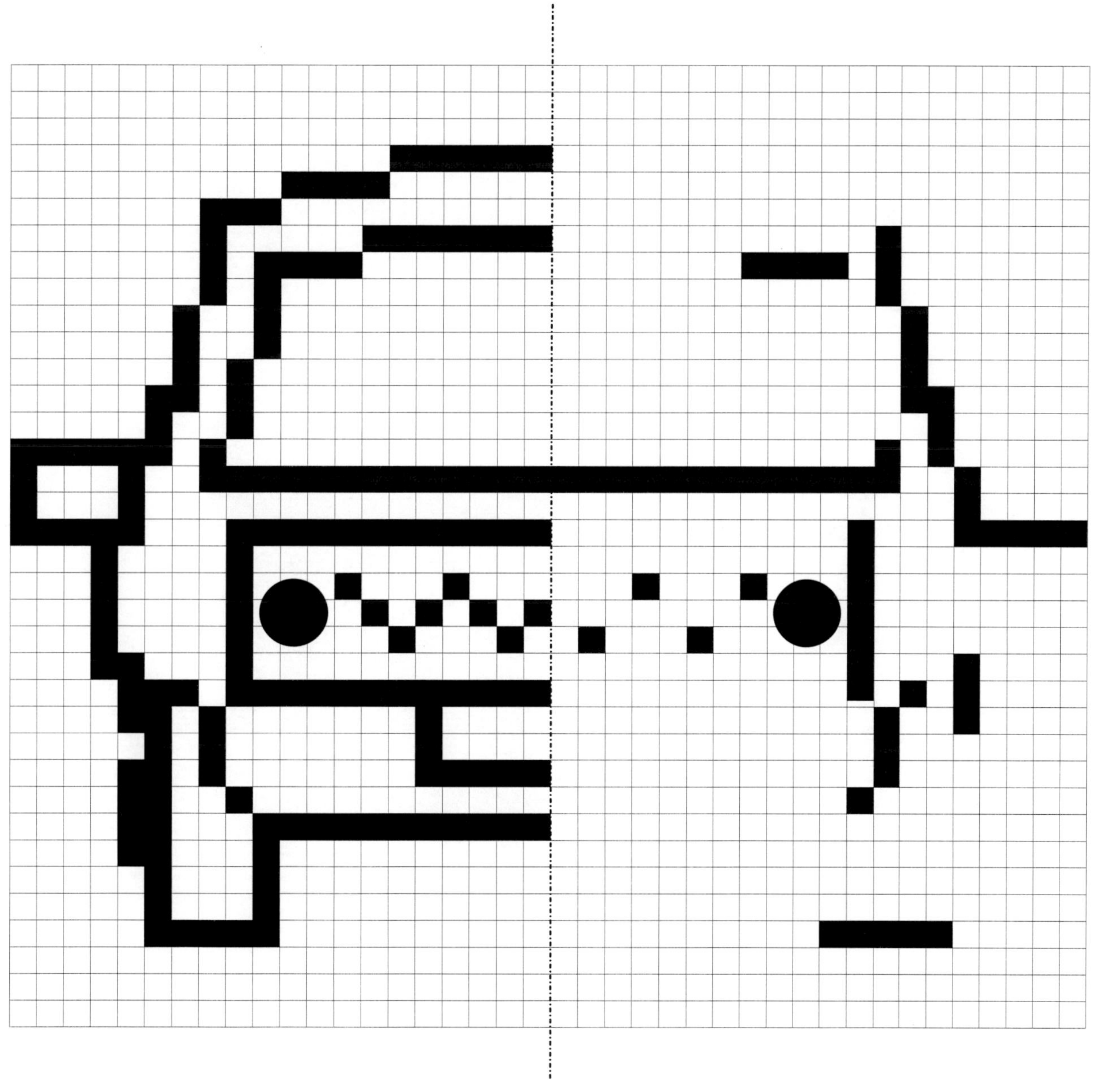

Zeichenspaß mit Spiegelbildern

Zeichne ein vollständiges Auto, indem du auf der rechten Seite die entsprechenden Kästchen ausmalst. Sei vorsichtig, ganz so einfach ist das nicht! Male dein Bild farbig aus.

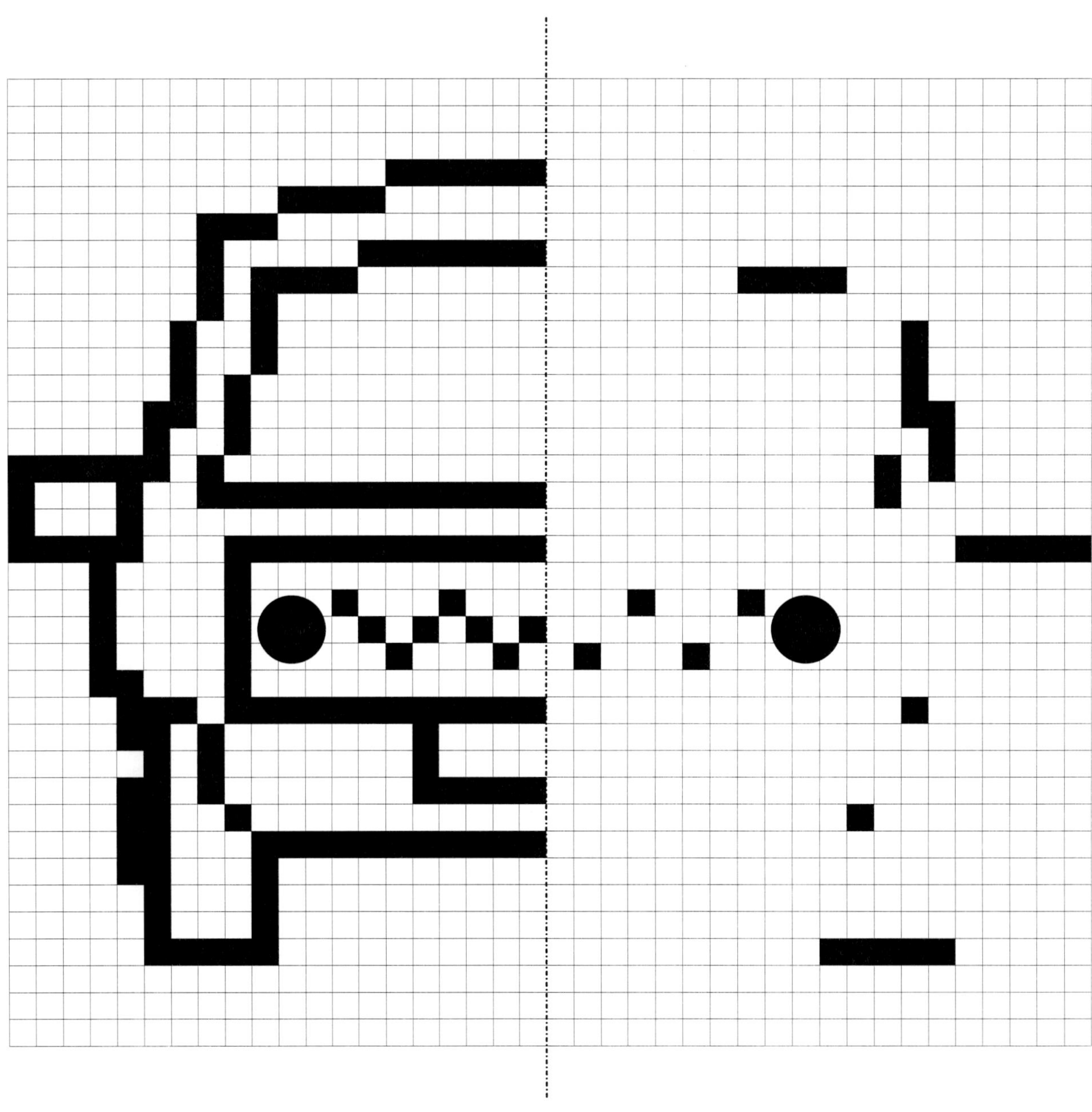

Zeichenspaß mit Spiegelbildern

Zeichne ein vollständiges Auto, indem du auf der rechten Seite die entsprechenden Kästchen ausmalst. Sei vorsichtig, ganz so einfach ist das nicht! Male dein Bild farbig aus.

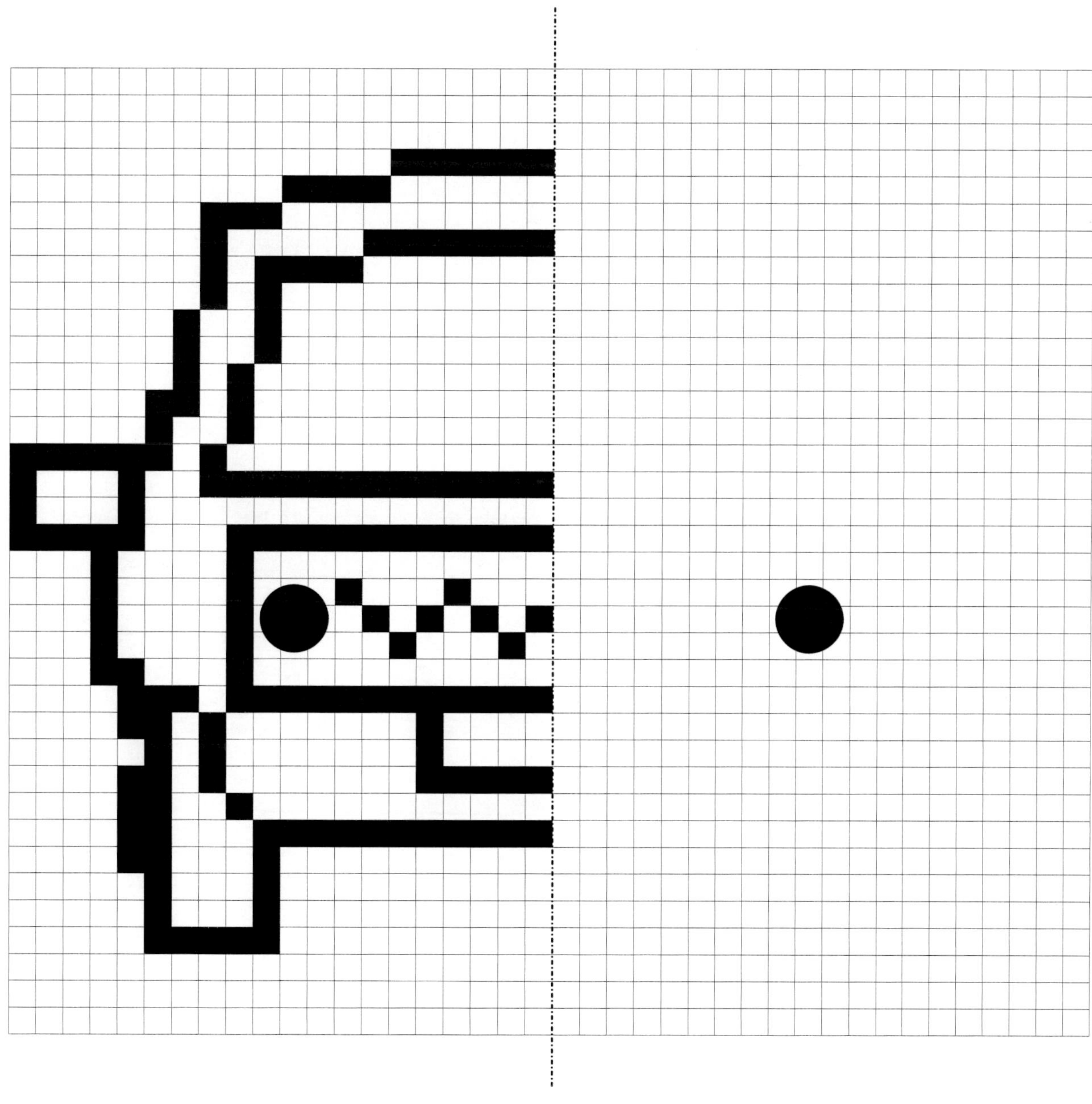

Zeichenspaß mit Spiegelbildern

So ein Gewichtheber hat es nicht leicht, vor allem dann nicht, wenn er nur so eine halbe Portion ist. Ergänze die Figur, indem du an der gekennzeichneten Achse spiegelst.
Anschließend kannst du deinen Muskelprotz noch bunt ausmalen.

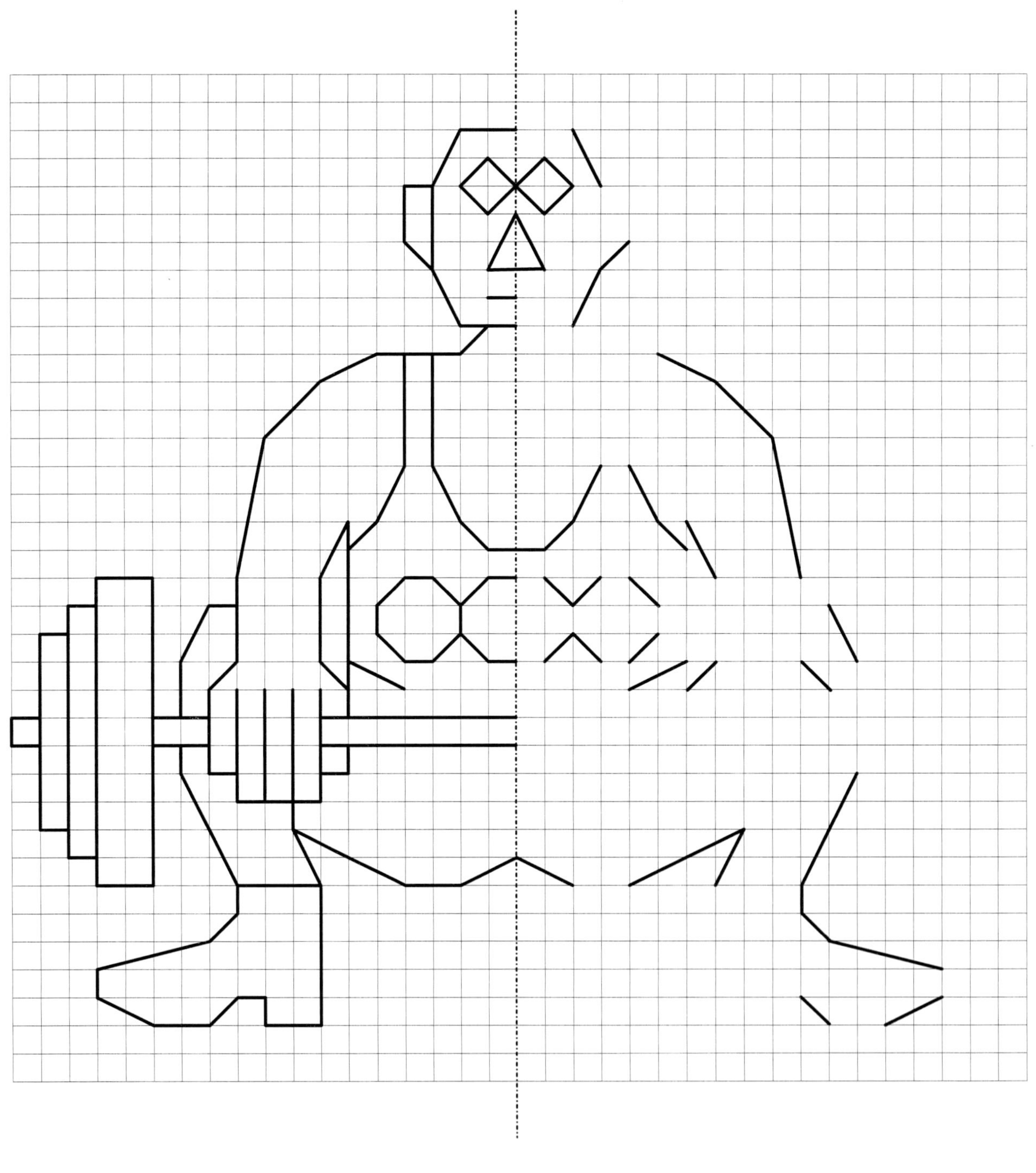

Zeichenspaß mit Spiegelbildern

So ein Gewichtheber hat es nicht leicht, vor allem dann nicht, wenn er nur so eine halbe Portion ist. Ergänze die Figur, indem du an der gekennzeichneten Achse spiegelst.
Anschließend kannst du deinen Muskelprotz noch bunt ausmalen.

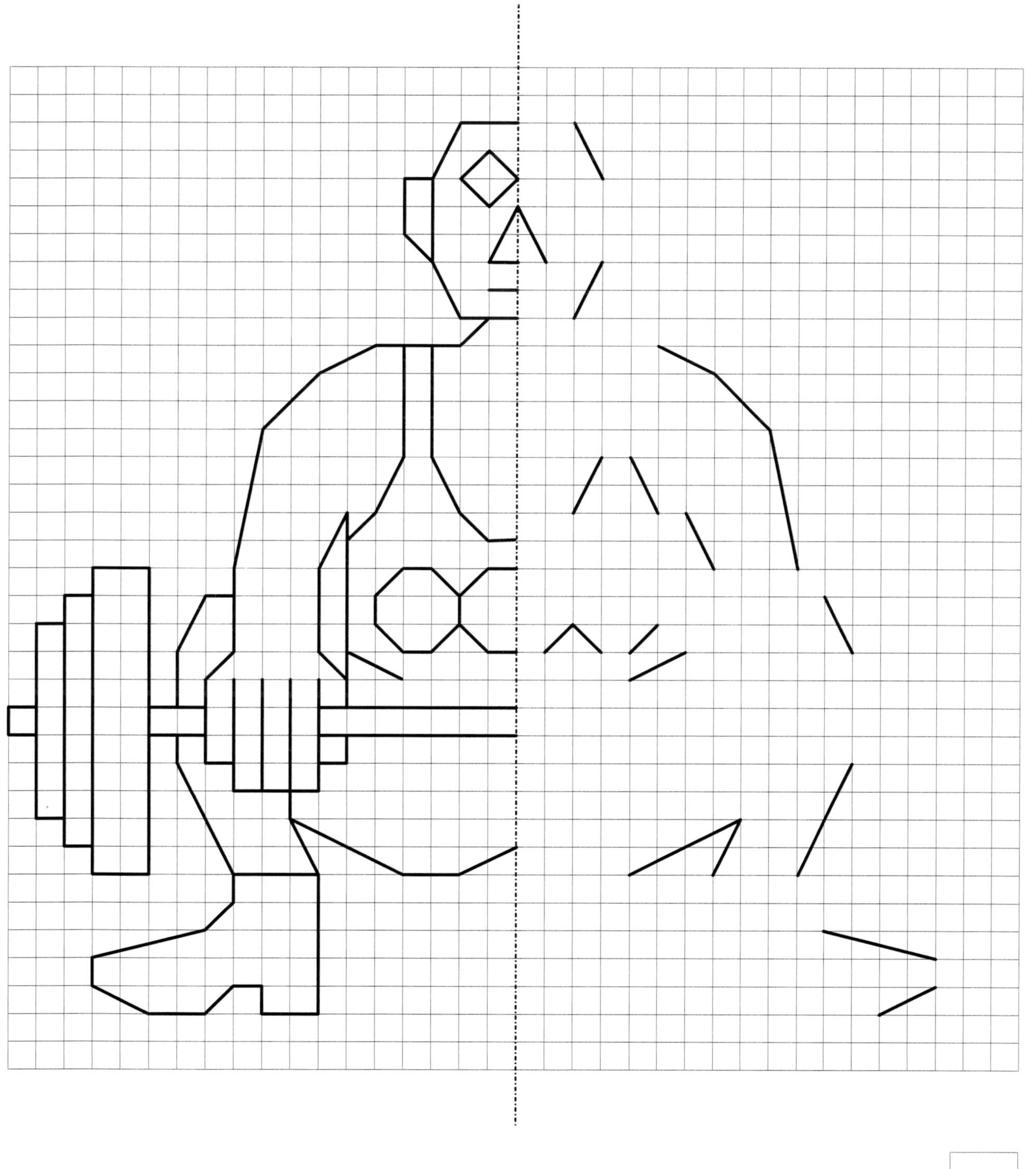

Zeichenspaß mit Spiegelbildern

So ein Gewichtheber hat es nicht leicht, vor allem dann nicht, wenn er nur so eine halbe Portion ist. Ergänze die Figur, indem du an der gekennzeichneten Achse spiegelst.
Anschließend kannst du deinen Muskelprotz noch bunt ausmalen.

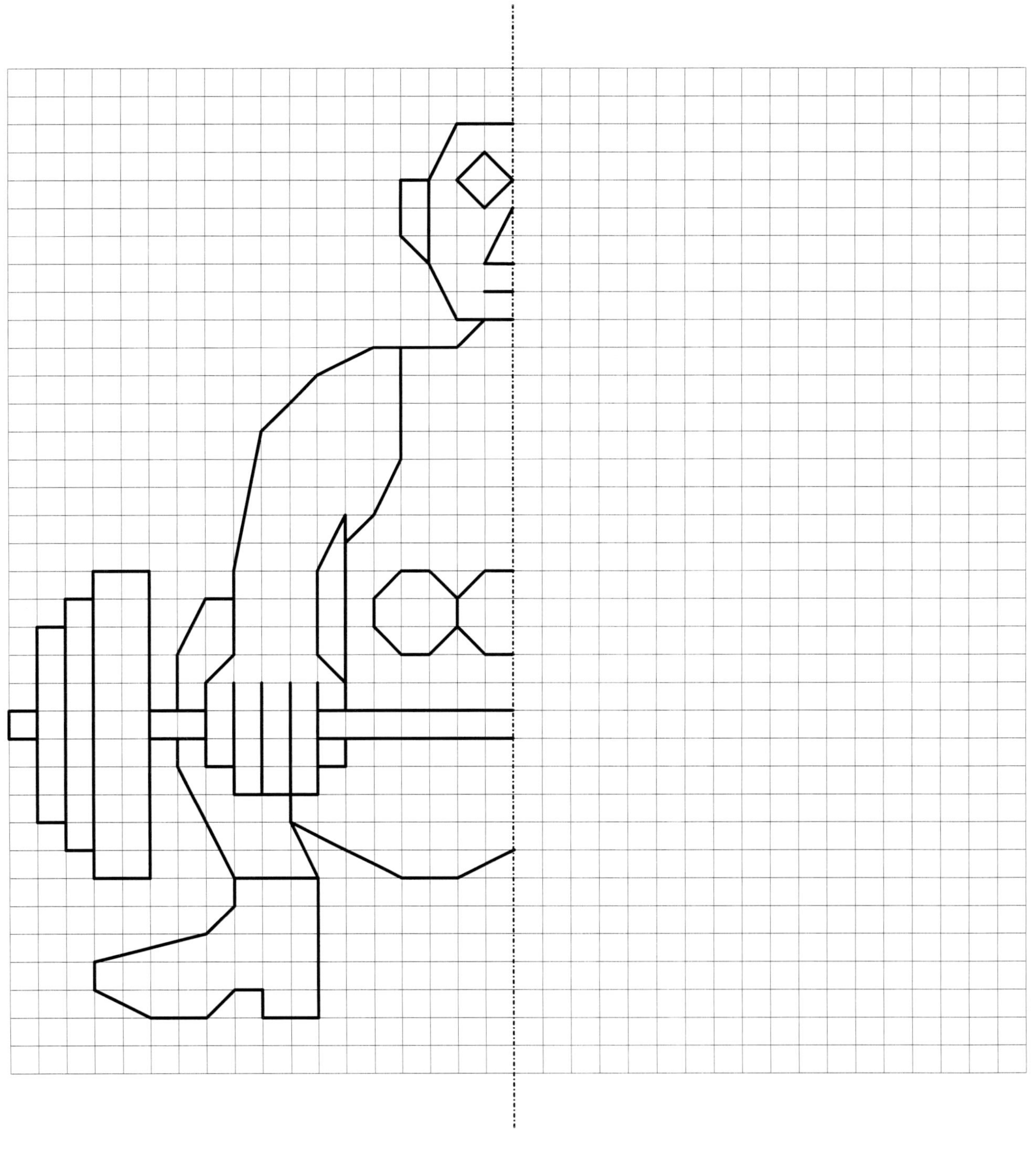

Zeichenspaß mit Spiegelbildern

Zeichne eine vollständige Kathedrale, indem du die halbe Figur an der gekennzeichneten Achse spiegelst. Ein paar besonders schwierige Linien habe ich dir bereits vorgegeben. Male dein Bild farbig aus!

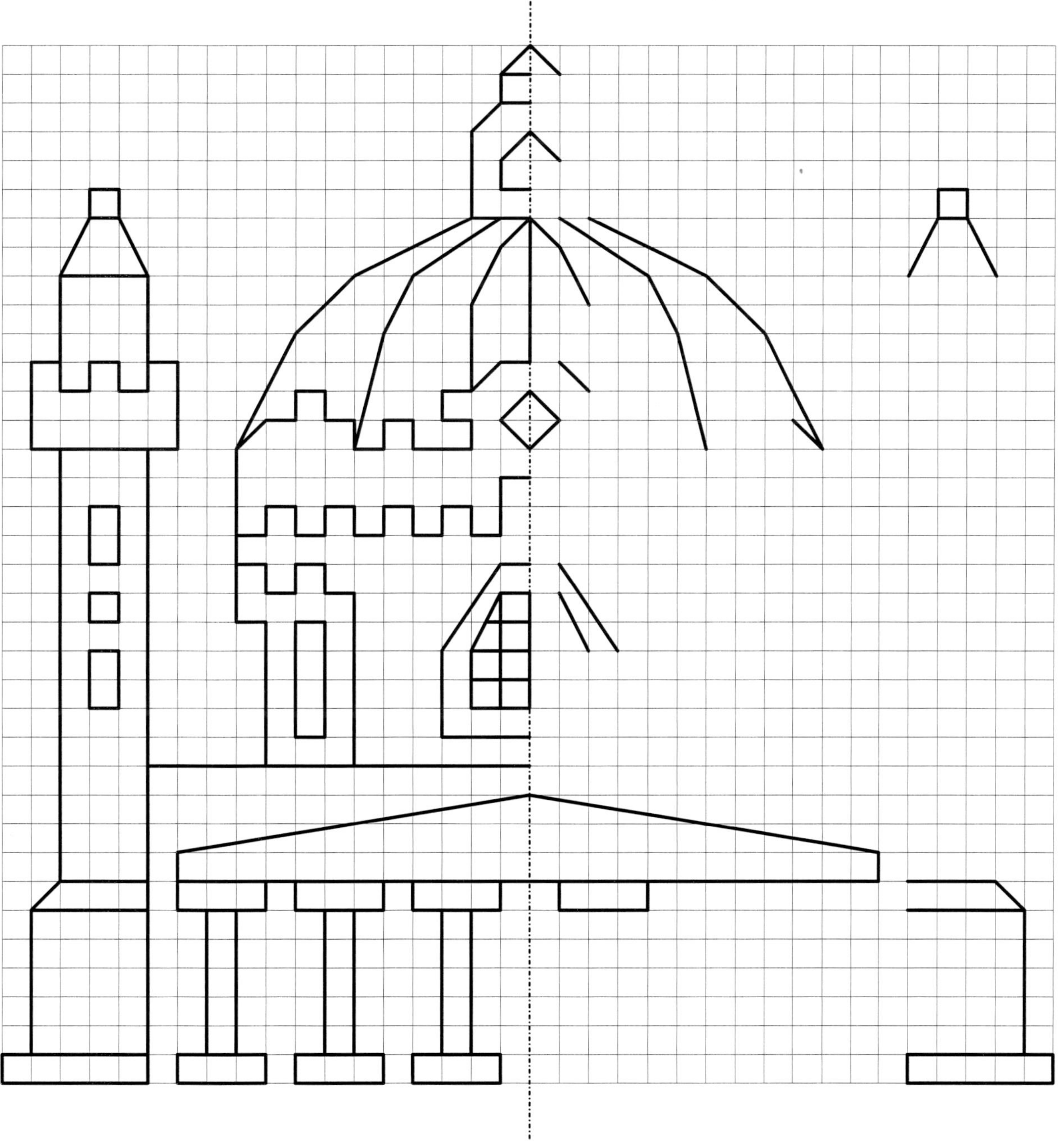

Zeichenspaß mit Spiegelbildern

Zeichne eine vollständige Kathedrale, indem du die halbe Figur an der gekennzeichneten Achse spiegelst. Ein paar besonders schwierige Linien habe ich dir bereits vorgegeben. Male dein Bild farbig aus!

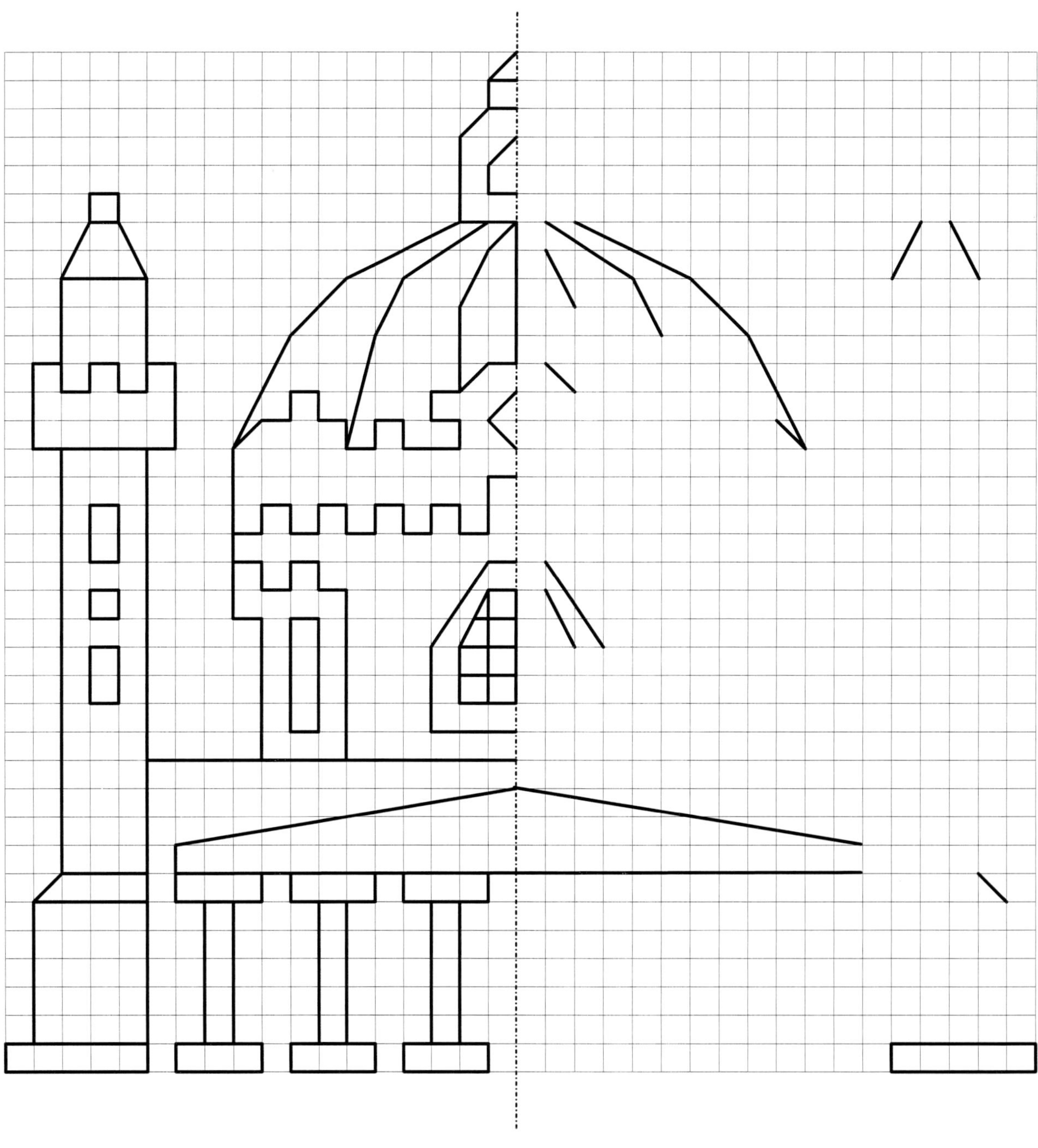

Zeichenspaß mit Spiegelbildern

Zeichne eine vollständige Kathedrale, indem du die halbe Figur an der gekennzeichneten Achse spiegelst.
Male dein Bild farbig aus!

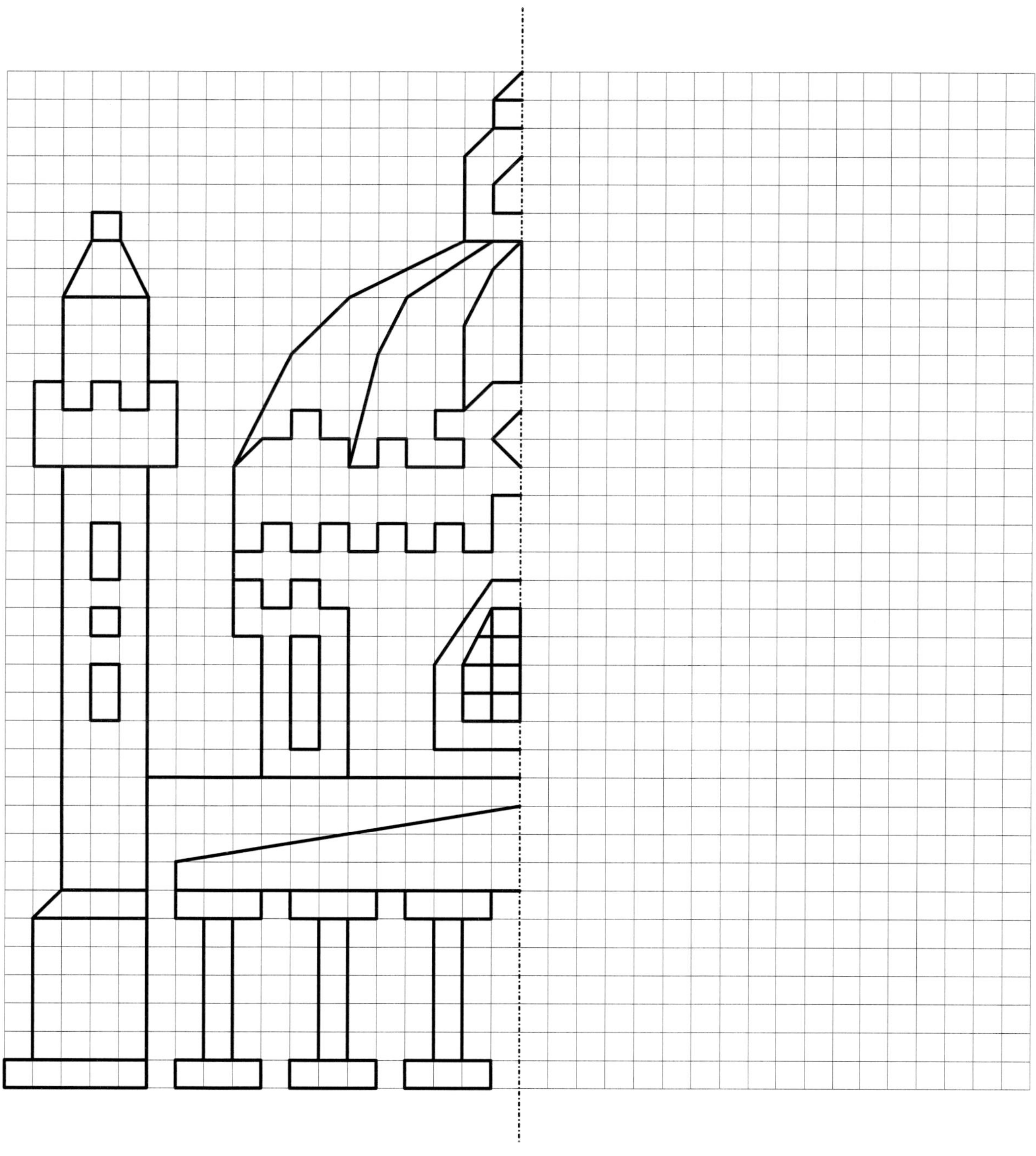

Zeichenspaß mit Spiegelbildern

Gleich zwei Geier, die sich auf das arme Häslein stürzen wollen. Spiegele das Untier an der gekennzeichneten Achse und male dein fertiges Bild aus.

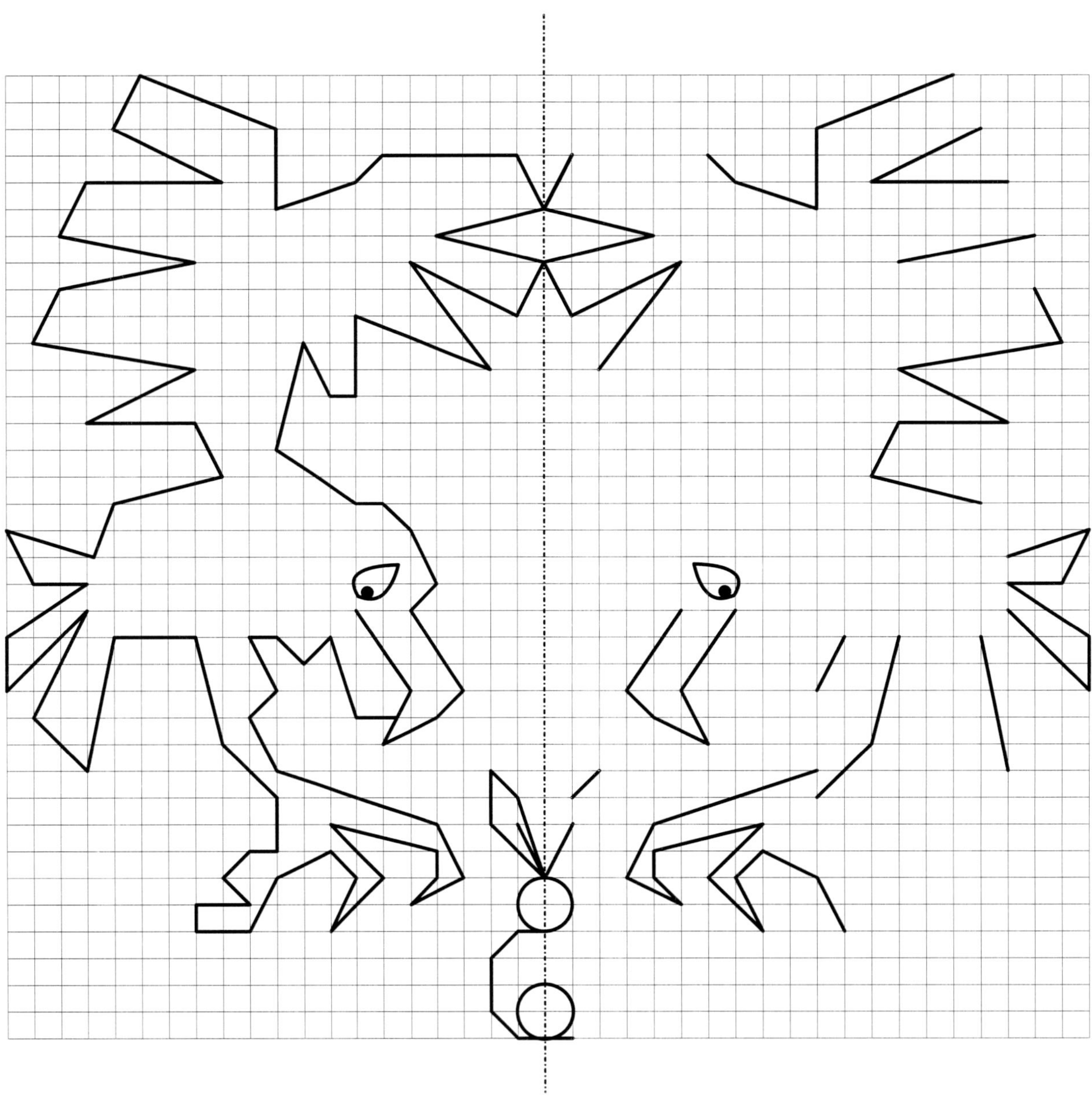

Zeichenspaß mit Spiegelbildern

Gleich zwei Geier, die sich auf das arme Häslein stürzen wollen. Spiegele das Untier an der gekennzeichneten Achse und male dein fertiges Bild aus.

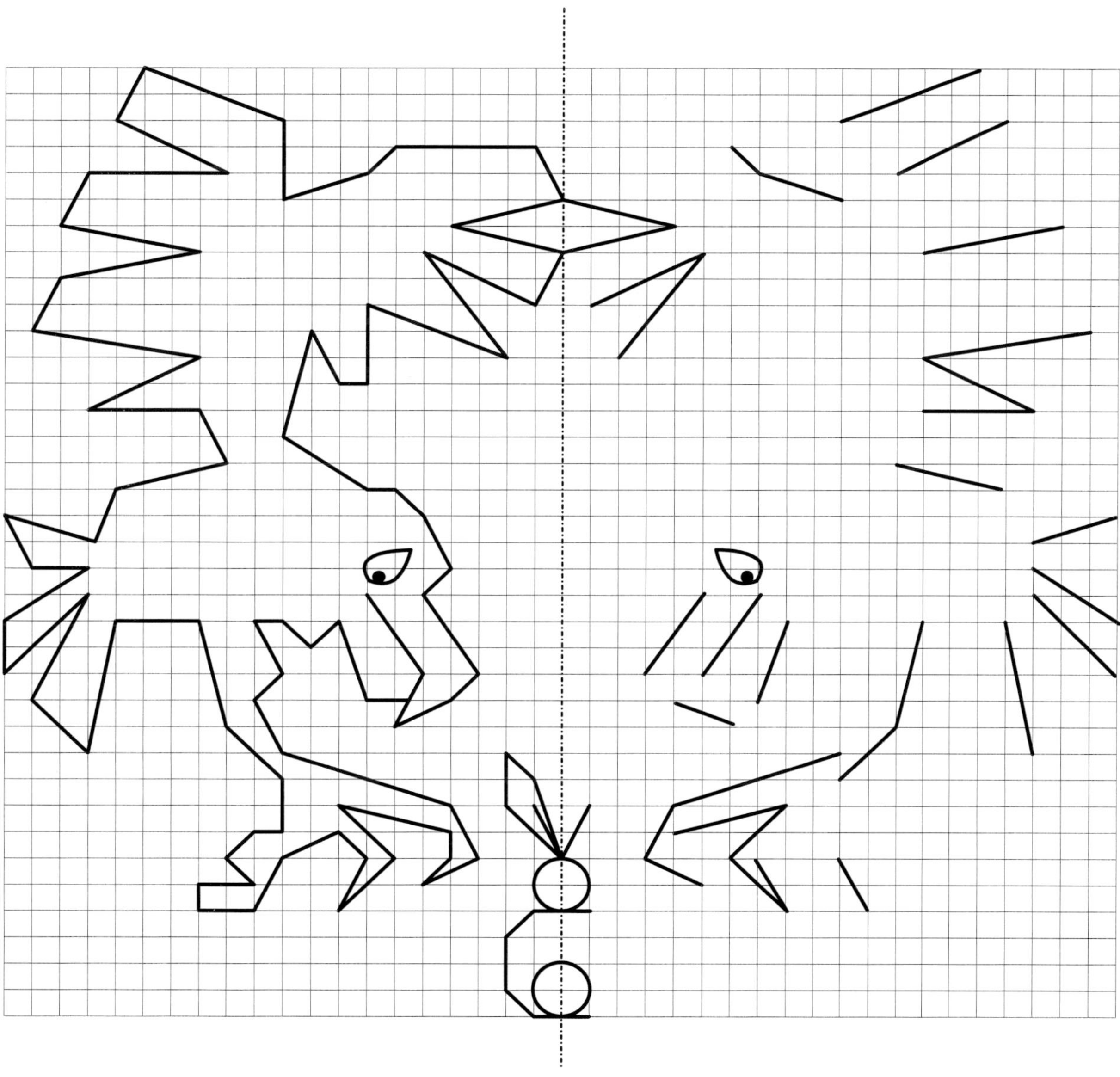

Zeichenspaß mit Spiegelbildern

Gleich zwei Geier, die sich auf das arme Häslein stürzen wollen. Spiegele das Untier an der gekennzeichneten Achse und male dein fertiges Bild aus.

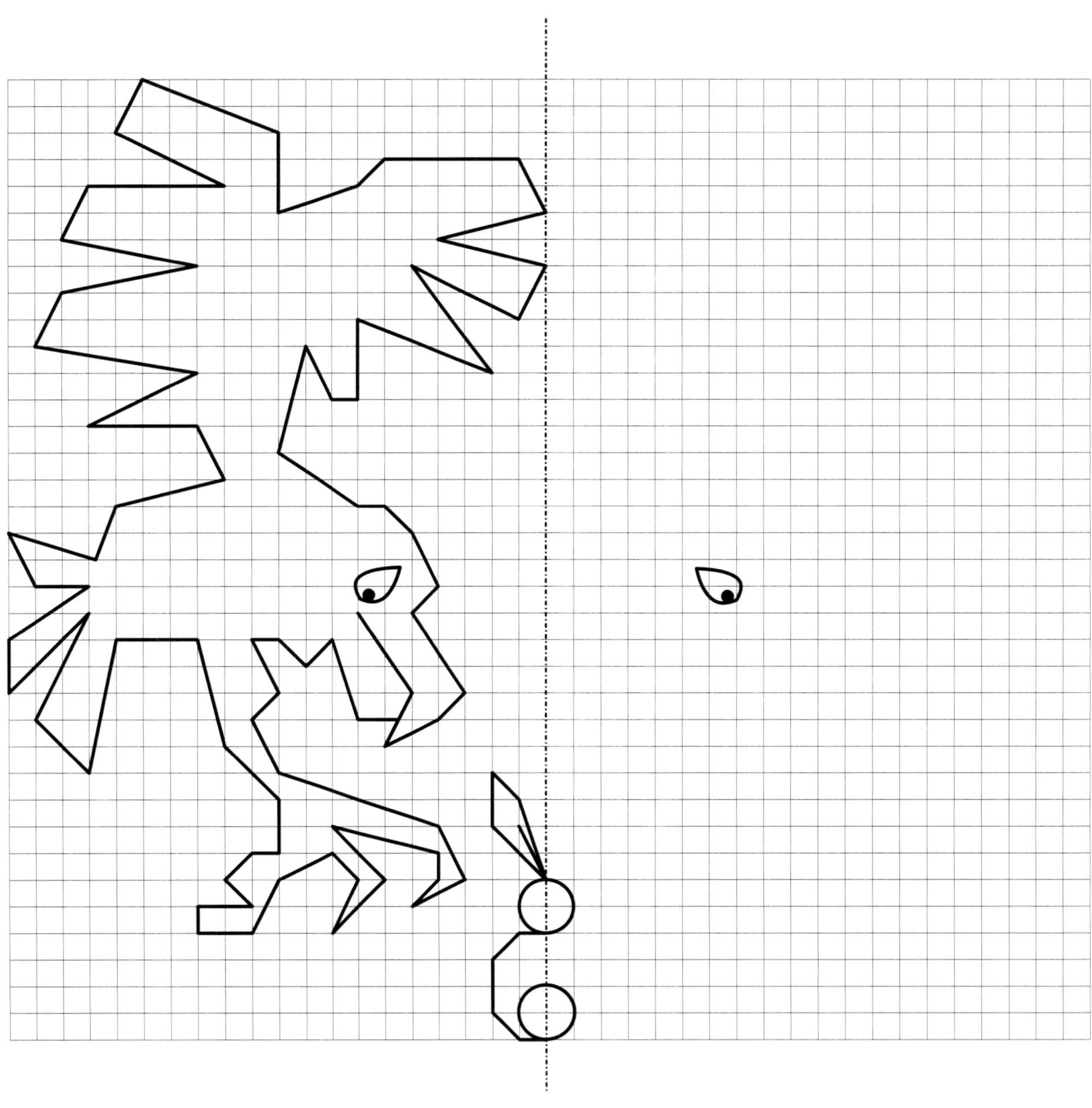

Zeichenspaß mit Spiegelbildern

Zeichne eine vollständige Blumenvase, indem du die halbe Figur an der gekennzeichneten Achse spiegelst. Male dein Bild farbig aus!

Zeichenspaß mit Spiegelbildern

Zeichne eine vollständige Blumenvase, indem du die halbe Figur an der gekennzeichneten Achse spiegelst. Male dein Bild farbig aus!

Zeichenspaß mit Spiegelbildern

Zeichne eine vollständige Blumenvase, indem du die halbe Figur an der gekennzeichneten Achse spiegelst. Male dein Bild farbig aus!

Zeichenspaß mit Spiegelbildern

Wenn du das lustige Gesicht des Clowns ganz sehen willst, dann spiegele die eine Hälfte an der gekennzeichneten Achse. Anschließend kannst du ja mal sein Gesicht schminken.

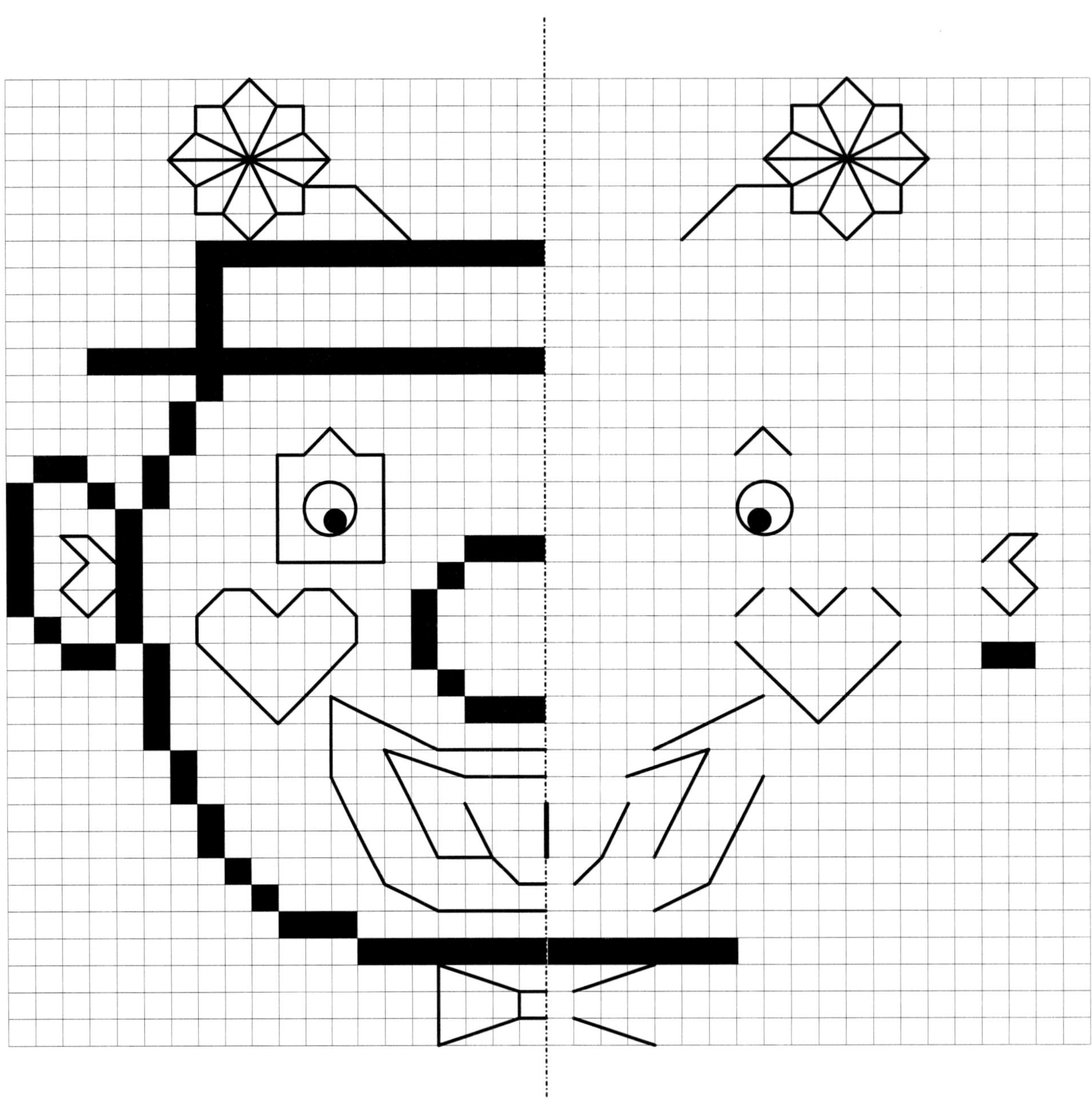

Zeichenspaß mit Spiegelbildern

Wenn du das lustige Gesicht des Clowns ganz sehen willst, dann spiegele die eine Hälfte an der gekennzeichneten Achse. Anschließend kannst du ja mal sein Gesicht schminken.

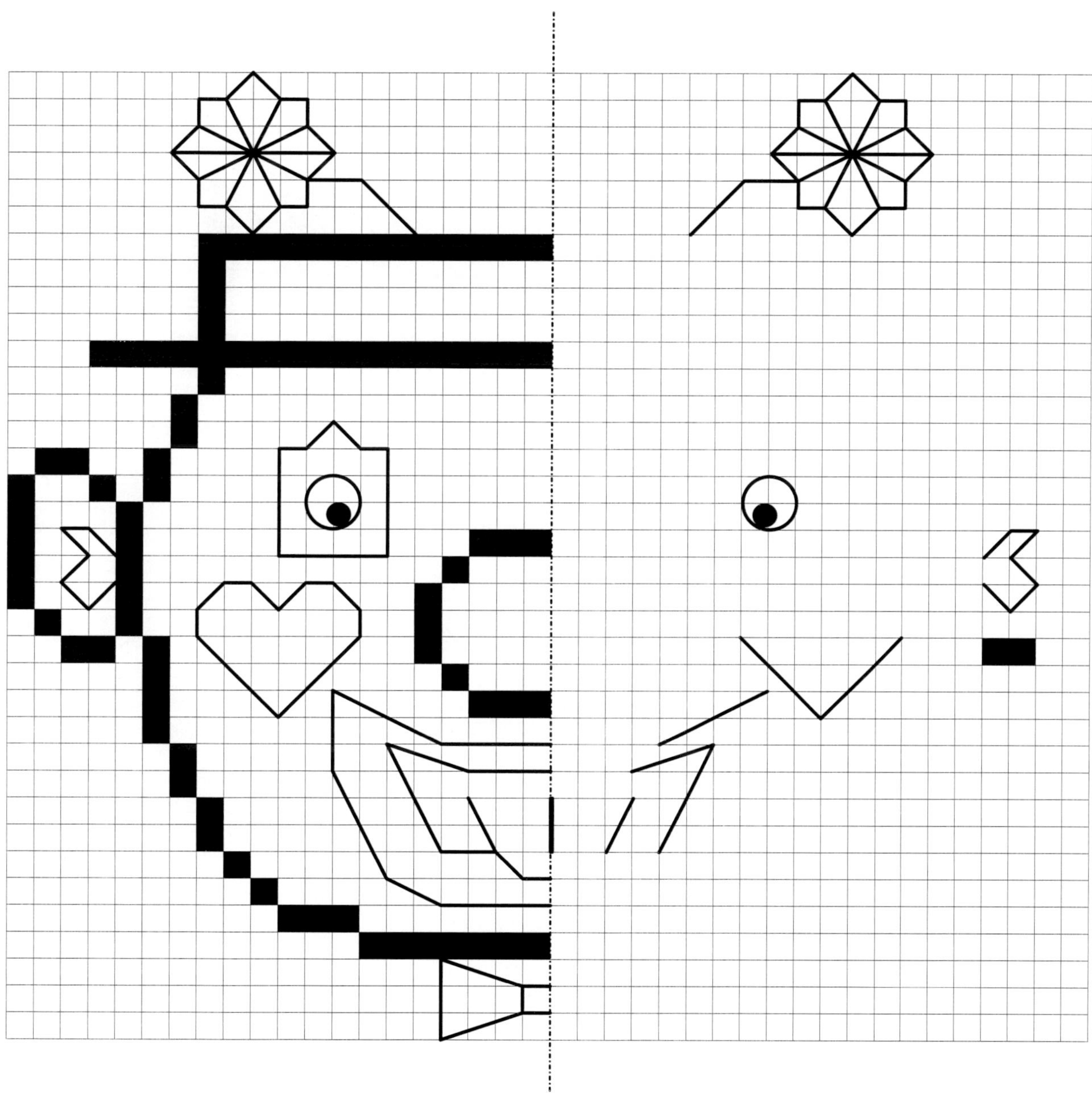

Zeichenspaß mit Spiegelbildern

Wenn du das lustige Gesicht des Clowns ganz sehen willst, dann spiegele die eine Hälfte an der gekennzeichneten Achse. Anschließend kannst du ja mal sein Gesicht schminken.

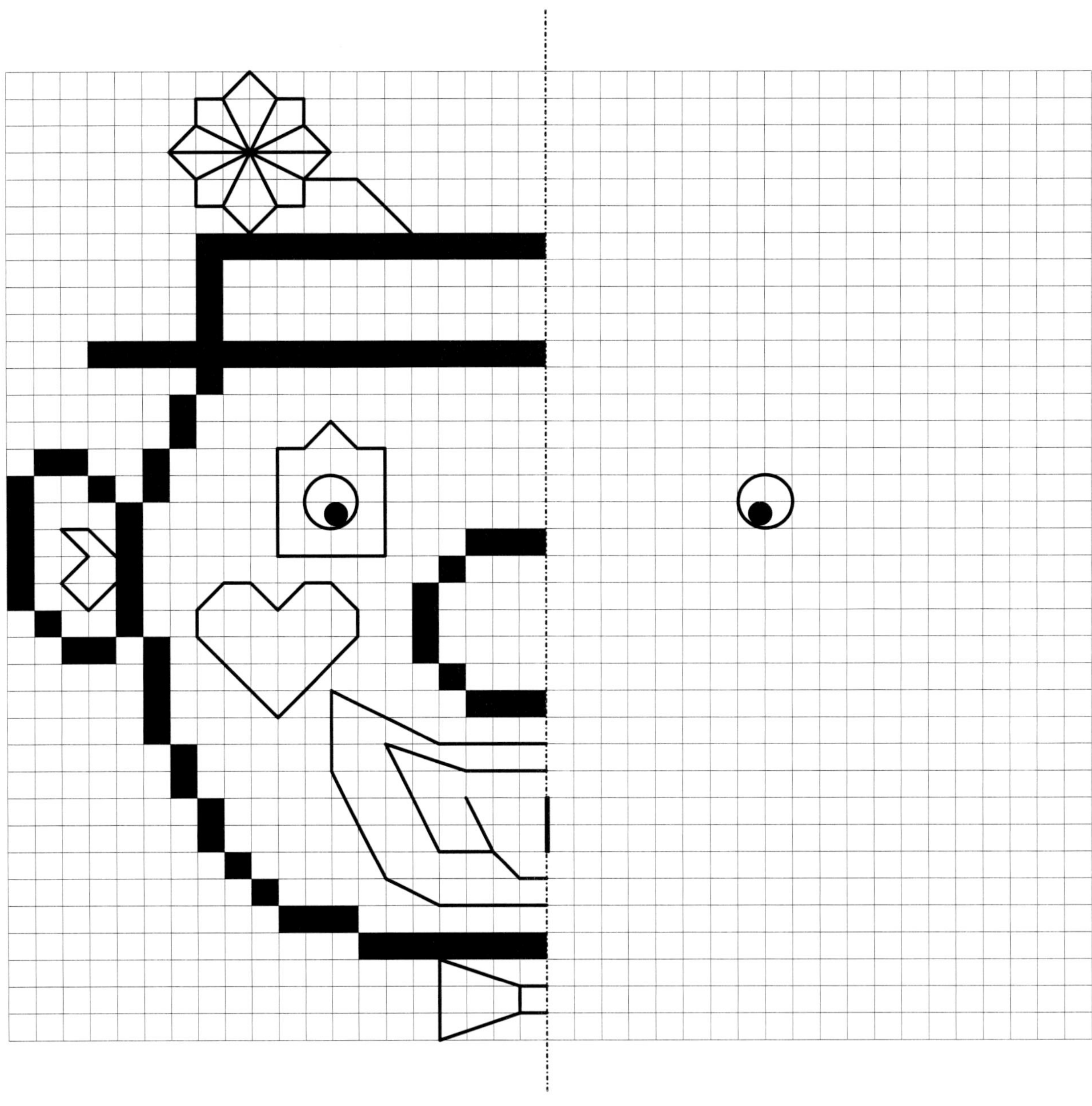

Zeichenspaß mit Spiegelbildern

Delfine sind sehr verspielte Tiere. Ergänze dieses Bild durch den zweiten Delfin und die andere Hälfte des Balles, mit dem sie spielen. Male dein Bild farbig aus!

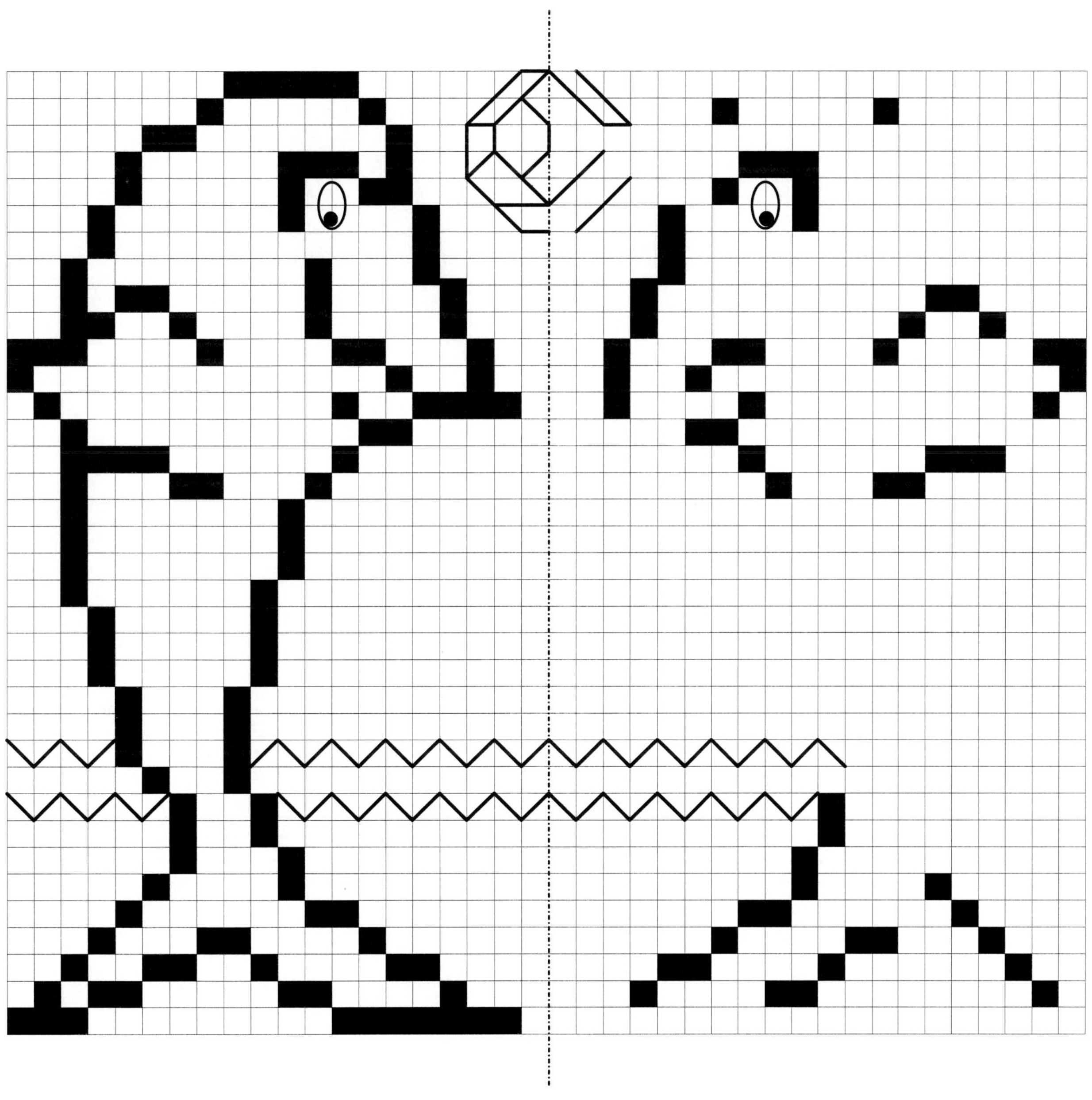

Zeichenspaß mit Spiegelbildern

Delfine sind sehr verspielte Tiere. Ergänze dieses Bild durch den zweiten Delfin und die andere Hälfte des Balles, mit dem sie spielen. Male dein Bild farbig aus!

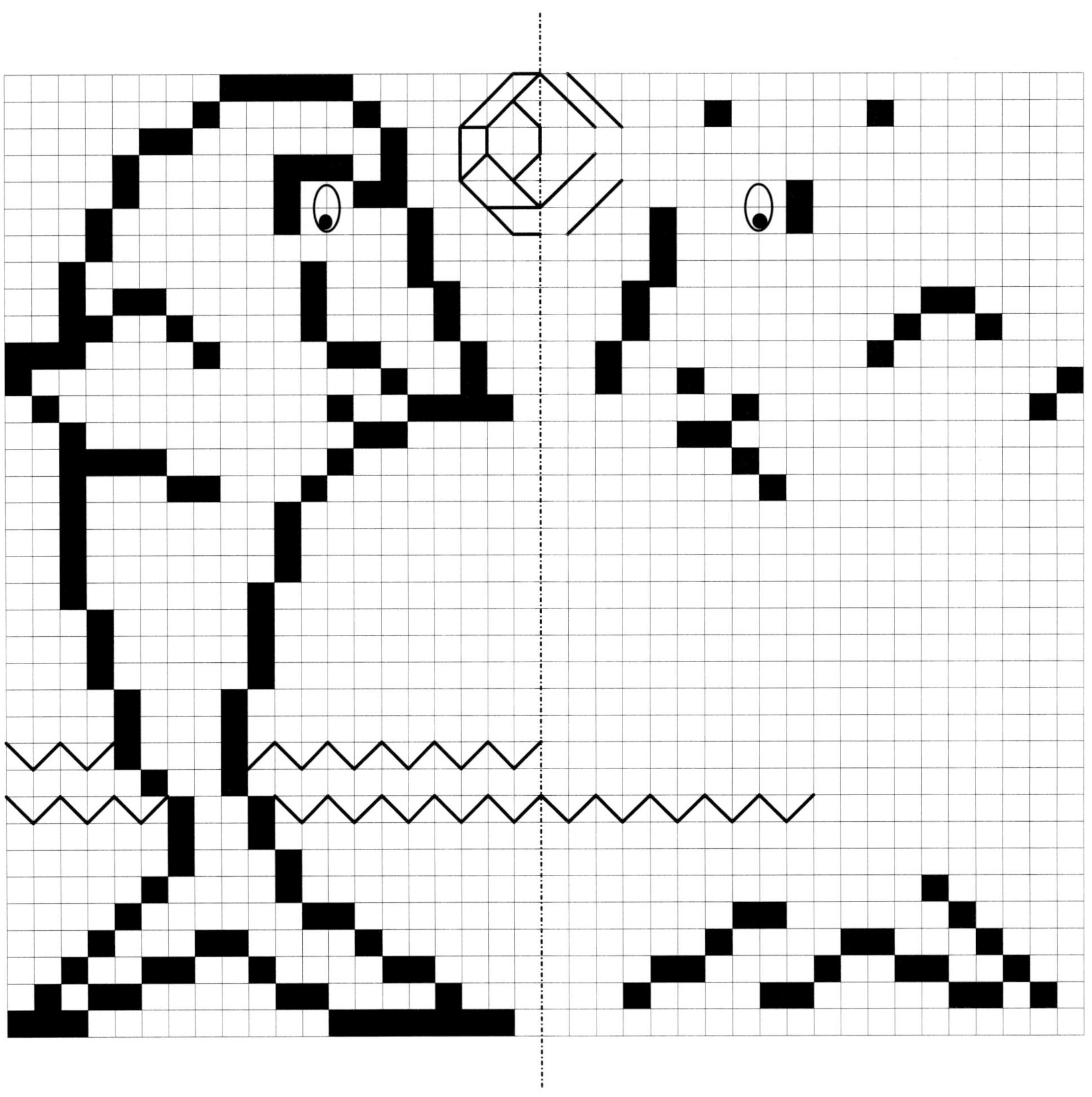

Zeichenspaß mit Spiegelbildern

Delfine sind sehr verspielte Tiere. Ergänze dieses Bild durch den zweiten Delfin und die andere Hälfte des Balles, mit dem sie spielen. Male dein Bild farbig aus!

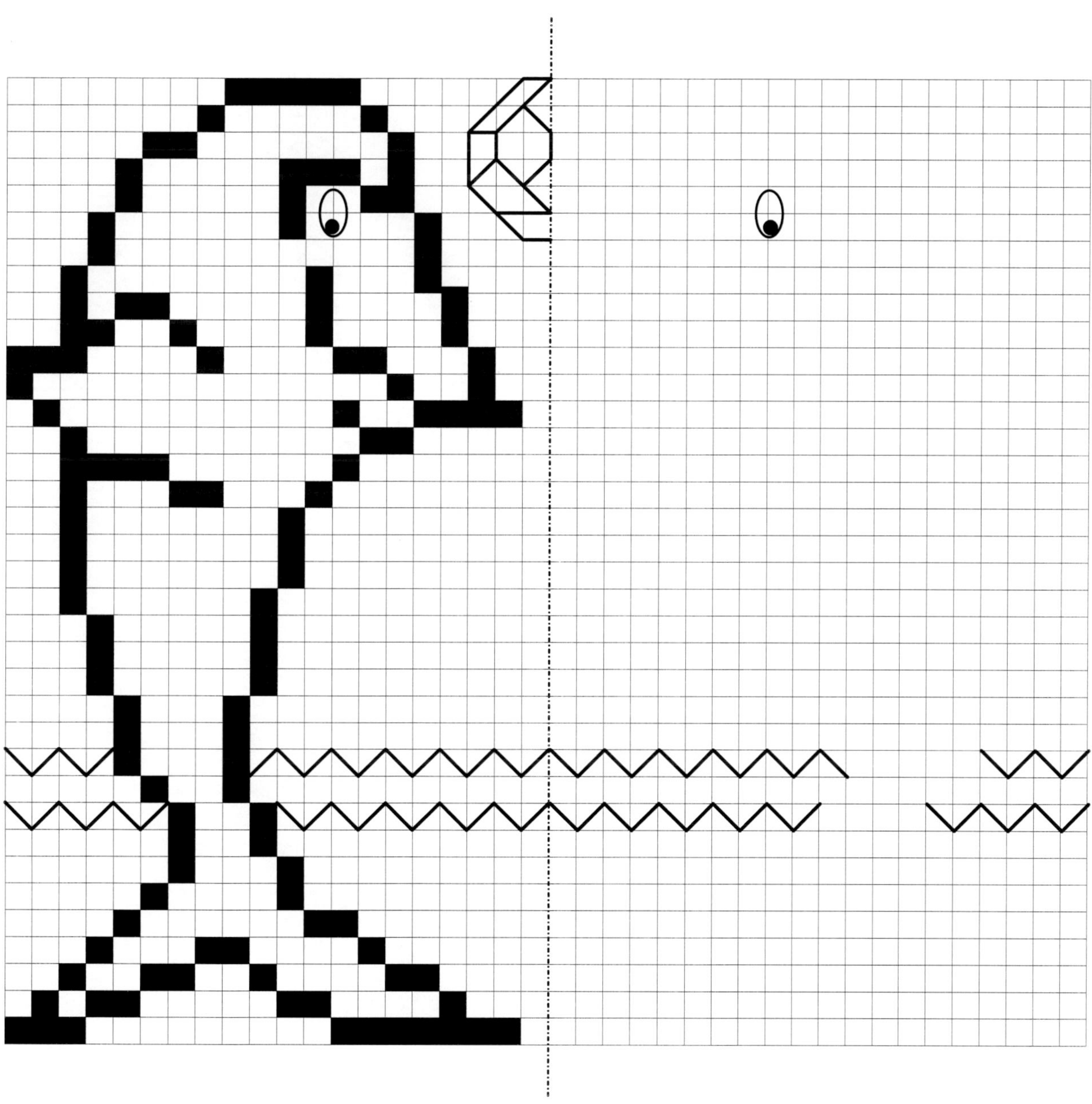

Zeichenspaß mit Spiegelbildern

Wenn so ein Hubschrauber über einen Gebirgssee fliegt, dann sieht man ganz deutlich sein Spiegelbild. Ergänze einmal und male dein Bild aus.

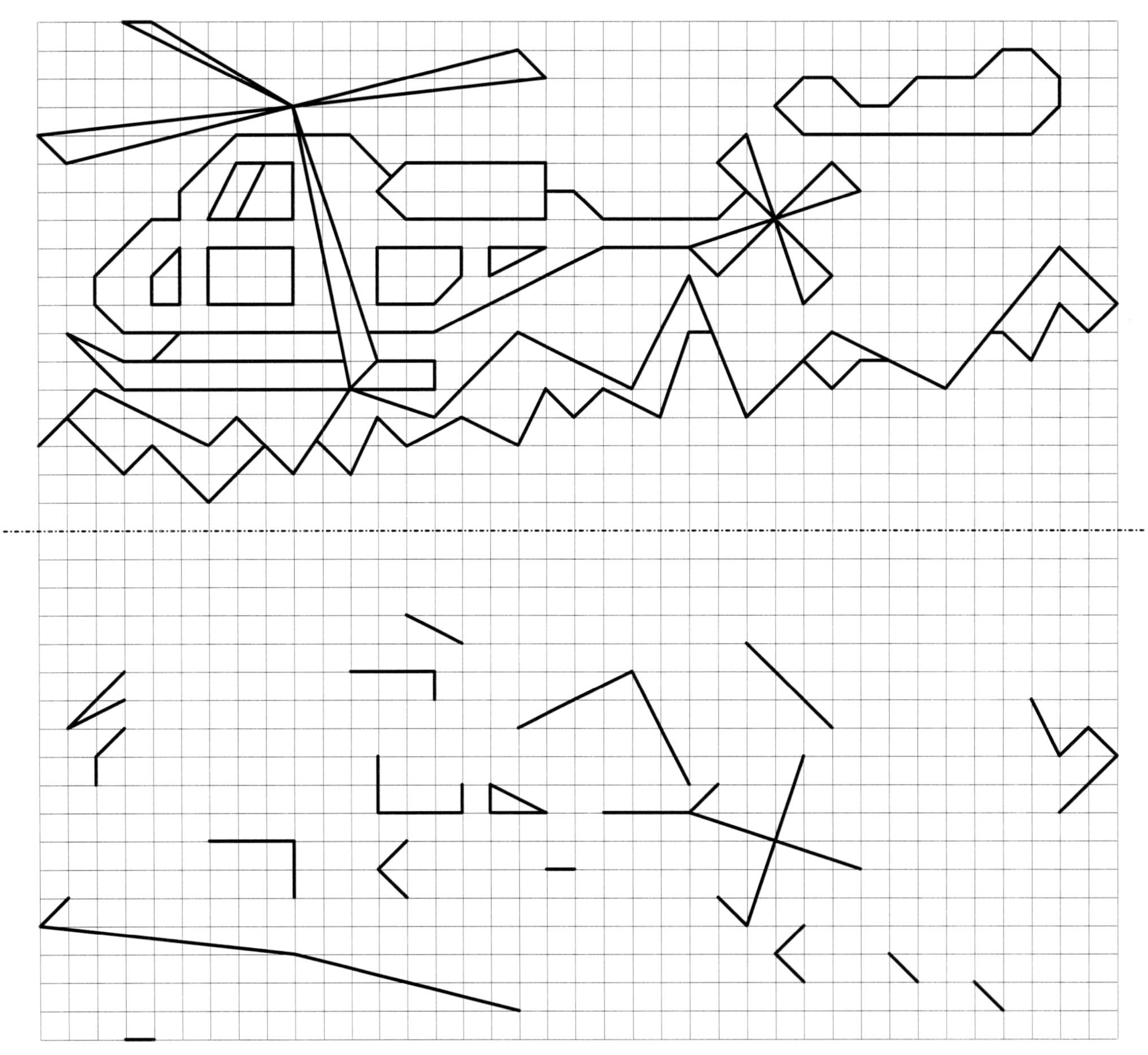

Zeichenspaß mit Spiegelbildern

Wenn so ein Hubschrauber über einen Gebirgssee fliegt,
dann sieht man ganz deutlich sein Spiegelbild.
Ergänze einmal und male dein Bild aus.

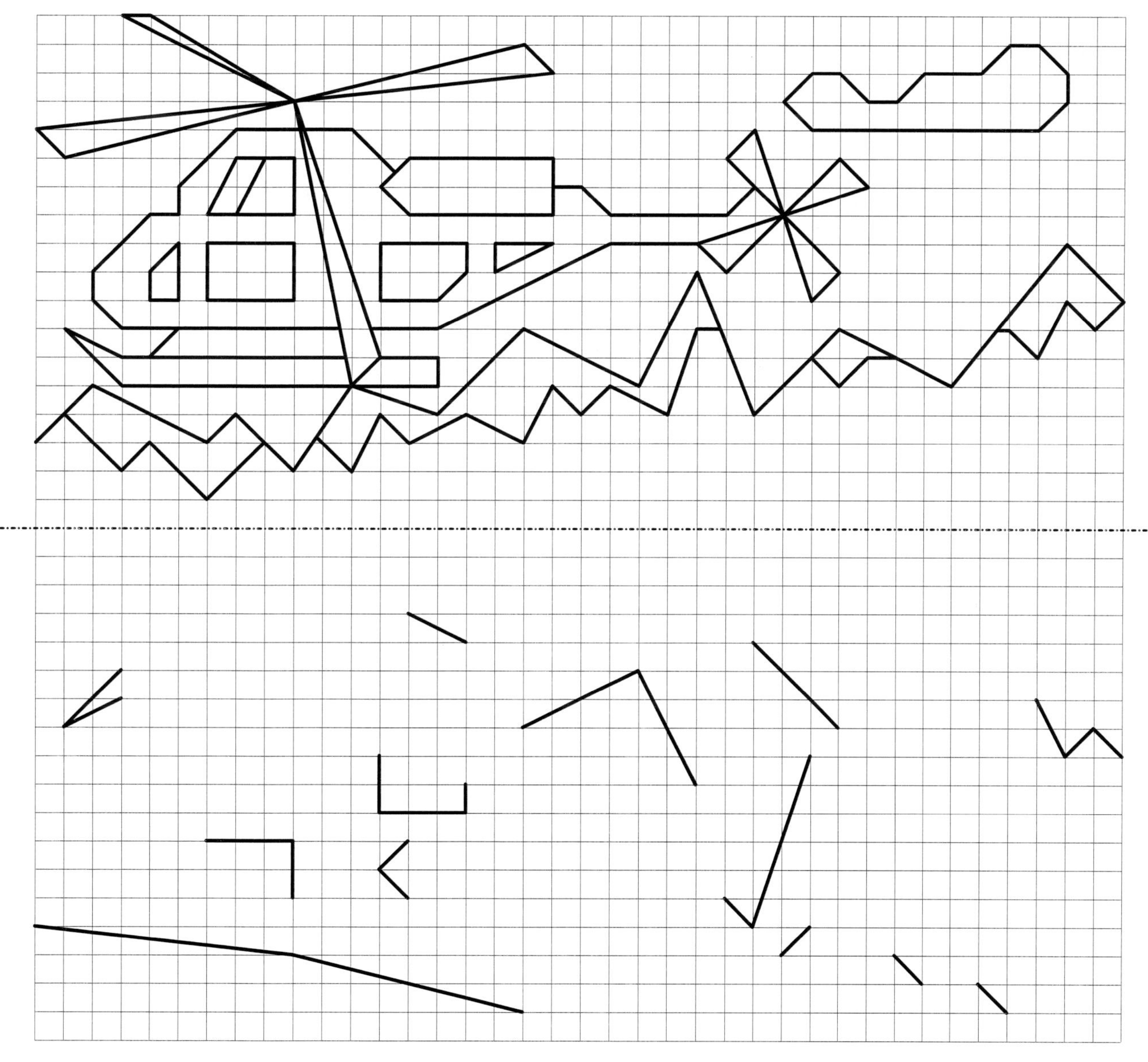

Zeichenspaß mit Spiegelbildern

Wenn so ein Hubschrauber über einen Gebirgssee fliegt,
dann sieht man ganz deutlich sein Spiegelbild.
Ergänze einmal und male dein Bild aus.

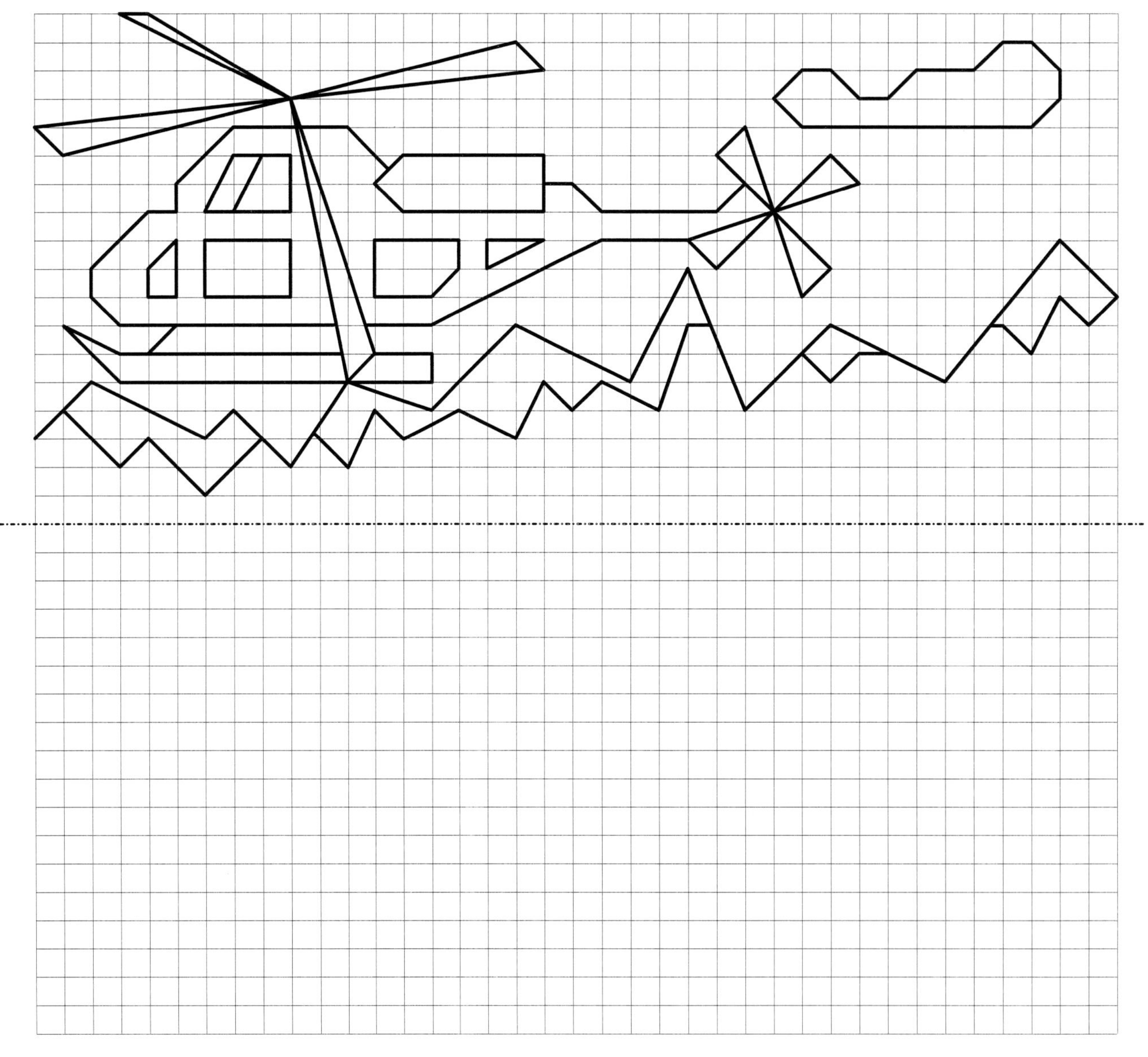

Zeichenspaß mit Spiegelbildern

Wusstest du, dass man dieses komische Gitter an den alten Westernloks Kuhfänger nannte? Wie dem auch sei: Spiegele die Lok an der gekennzeichneten Achse und male dein fertiges Bild aus.

Zeichenspaß mit Spiegelbildern

Wusstest du, dass man dieses komische Gitter an den alten Westernloks Kuhfänger nannte? Wie dem auch sei: Spiegele die Lok an der gekennzeichneten Achse und male dein fertiges Bild aus.

Zeichenspaß mit Spiegelbildern

Wusstest du, dass man dieses komische Gitter an den alten Westernloks Kuhfänger nannte? Wie dem auch sei: Spiegele die Lok an der gekennzeichneten Achse und male dein fertiges Bild aus.

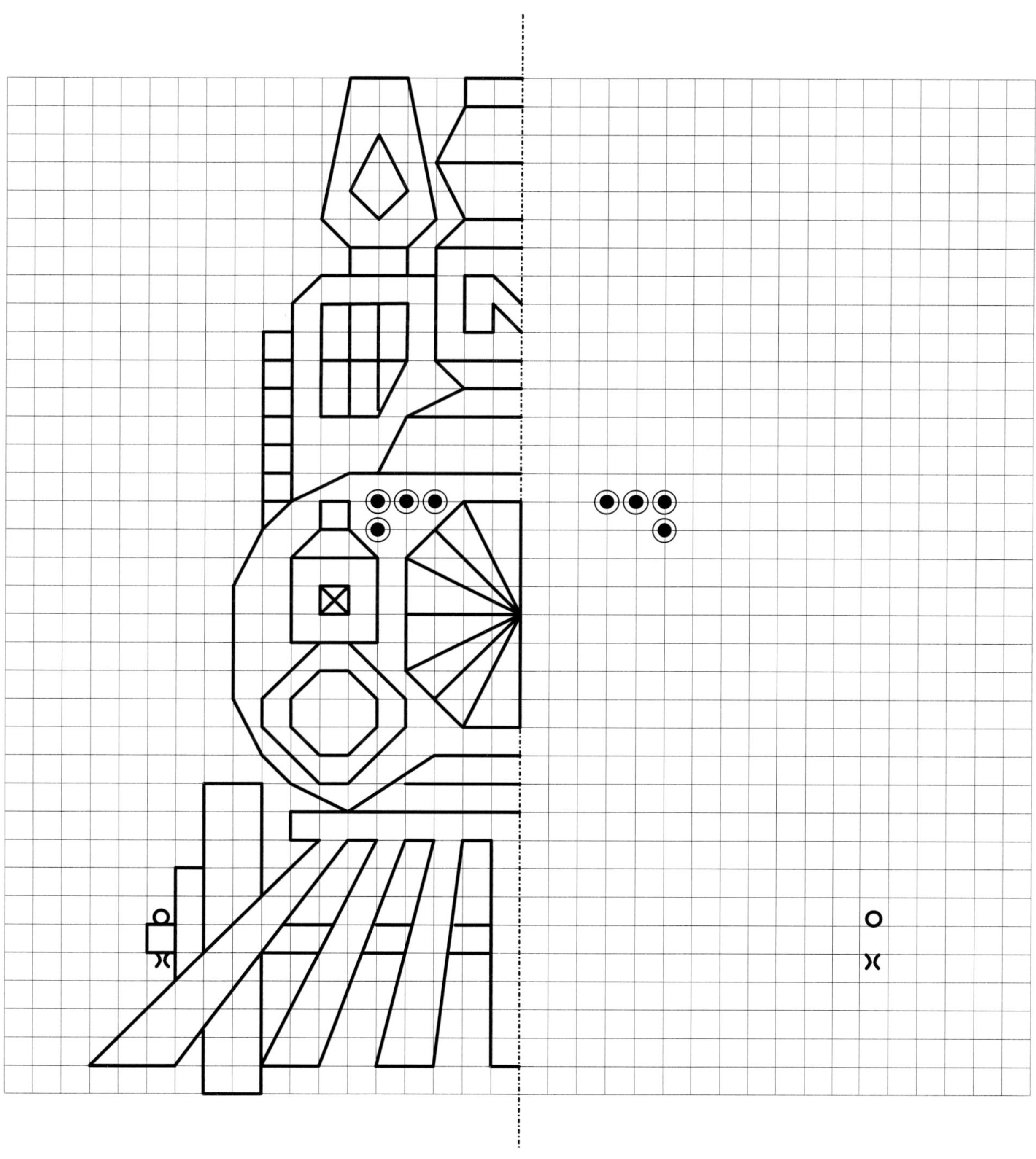

Zeichenspaß mit Spiegelbildern

Seepferdchen sind seltsam aussehende Fischchen, die nur sehr schlecht schwimmen können. Spiegele Hippocampus - das ist der lateinische Name - an der gekennzeichneten Achse und male dein Bild farbig aus.

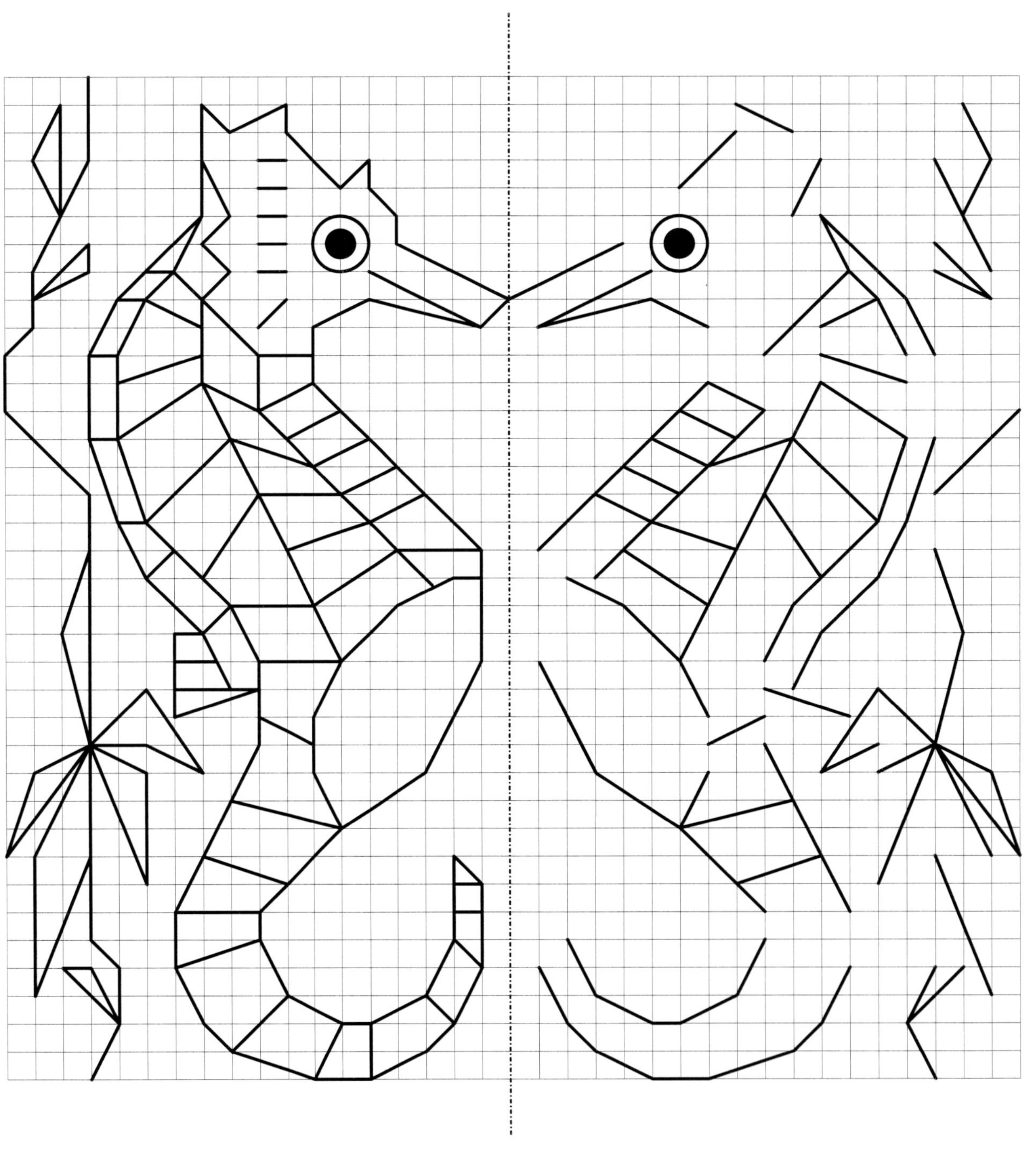

Zeichenspaß mit Spiegelbildern

Seepferdchen sind seltsam aussehende Fischchen, die nur sehr schlecht schwimmen können. Spiegele Hippocampus - das ist der lateinische Name - an der gekennzeichneten Achse und male dein Bild farbig aus.

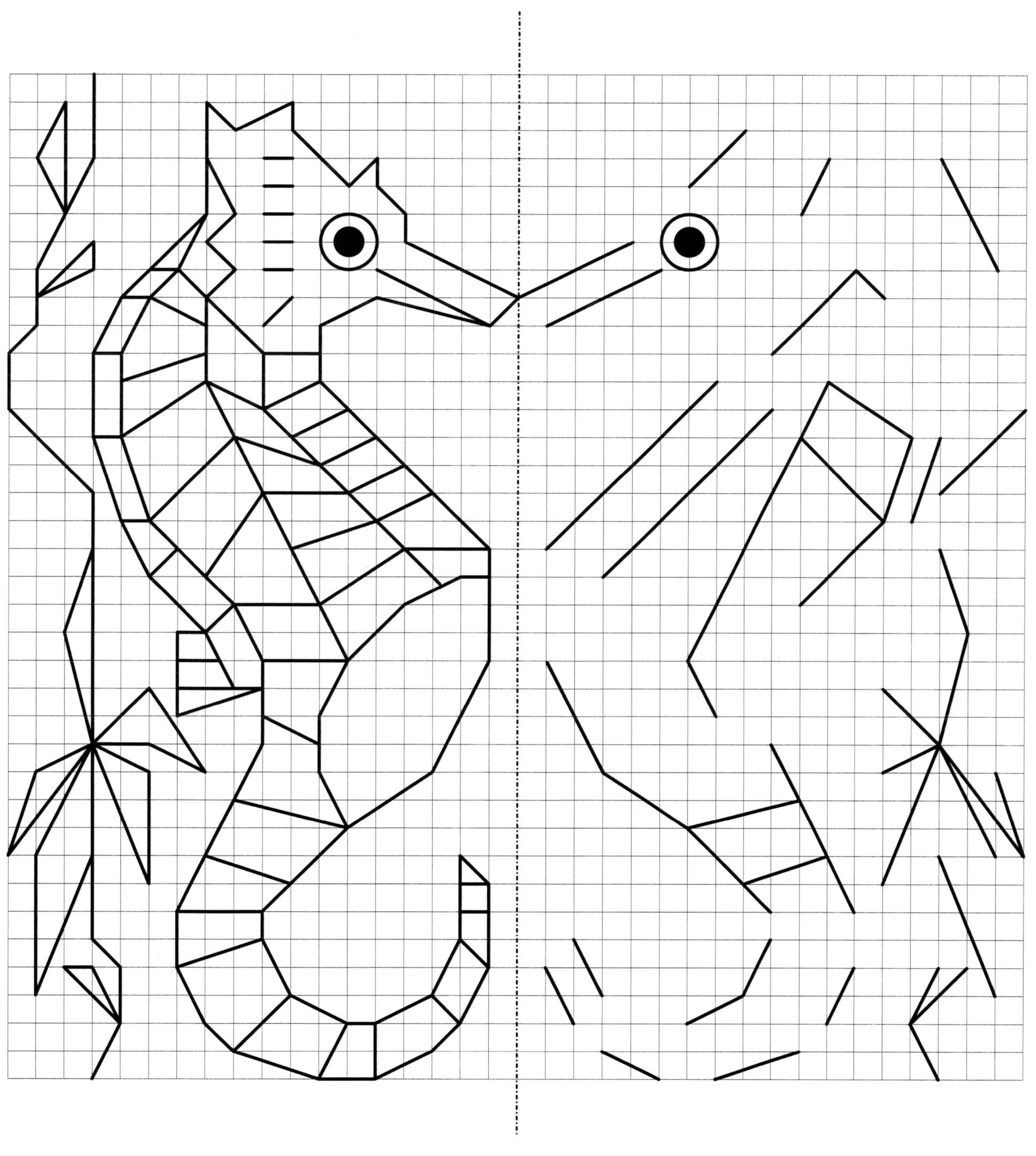

Zeichenspaß mit Spiegelbildern

Seepferdchen sind seltsam aussehende Fischchen, die nur sehr schlecht schwimmen können. Spiegele Hippocampus - das ist der lateinische Name - an der gekennzeichneten Achse und male dein Bild farbig aus.

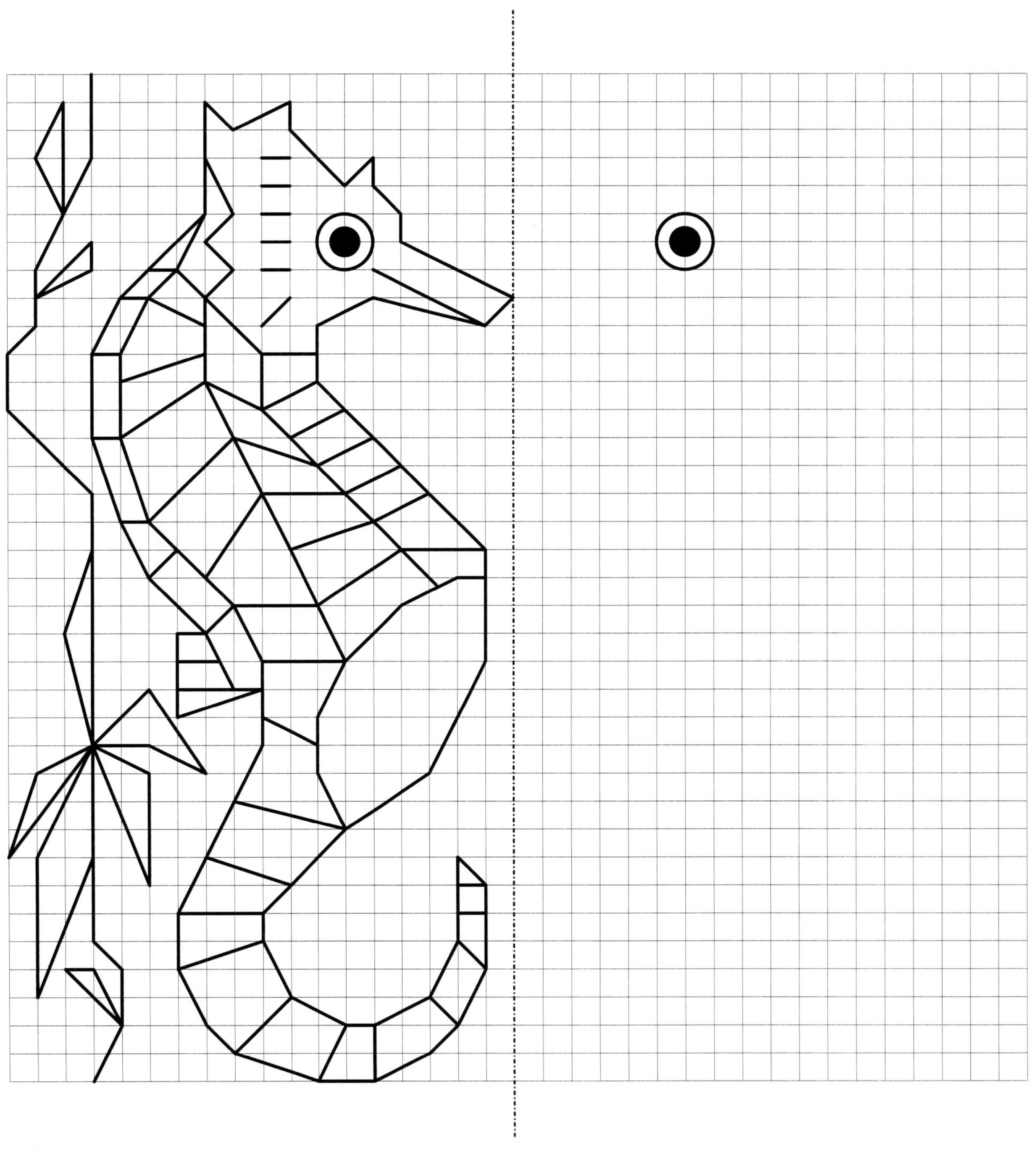

Zeichenspaß mit Spiegelbildern

So ein Tyrannosaurus wirkte ziemlich gefährlich und wenn er auf einen Artgenossen traf, richtete er sich zu voller Höhe auf. Spiegele das Tierchen an der gekennzeichneten Ache und male dein Bild aus.

Zeichenspaß mit Spiegelbildern

So ein Tyrannosaurus wirkte ziemlich gefährlich und wenn er auf einen Artgenossen traf, richtete er sich zu voller Höhe auf. Spiegele das Tierchen an der gekennzeichneten Ache und male dein Bild aus.

Zeichenspaß mit Spiegelbildern

So ein Tyrannosaurus wirkte ziemlich gefährlich und wenn er auf einen Artgenossen traf, richtete er sich zu voller Höhe auf. Spiegele das Tierchen an der gekennzeichneten Ache und male dein Bild aus.

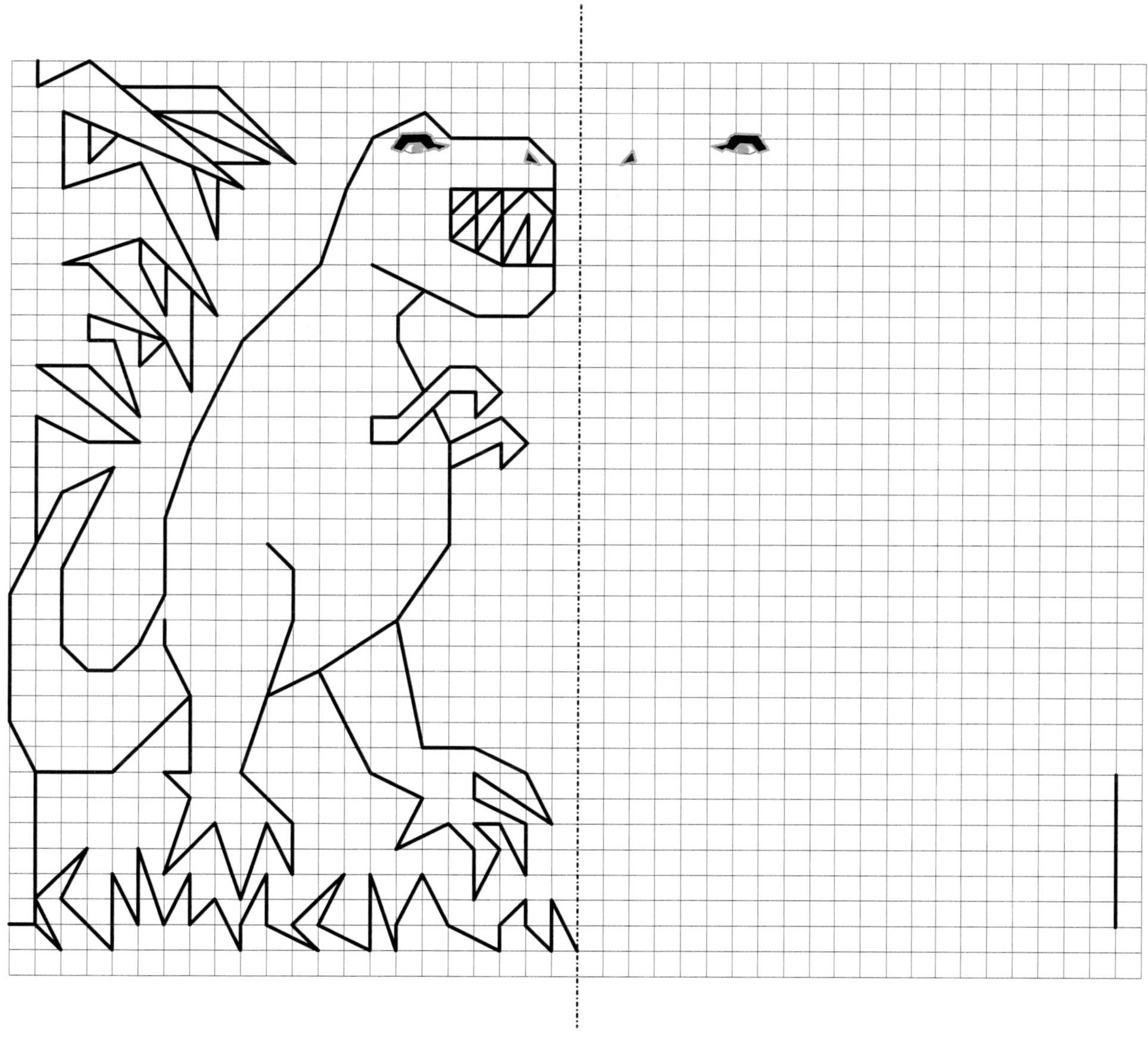

Zeichenspaß mit Spiegelbildern

Zugegeben, es ist schon selten, dass zwei Segelschiffe an einer kleinen Insel mit einer einzigen Palme vorbeifahren. Ergänze trotzdem das Bild und male es bunt aus.

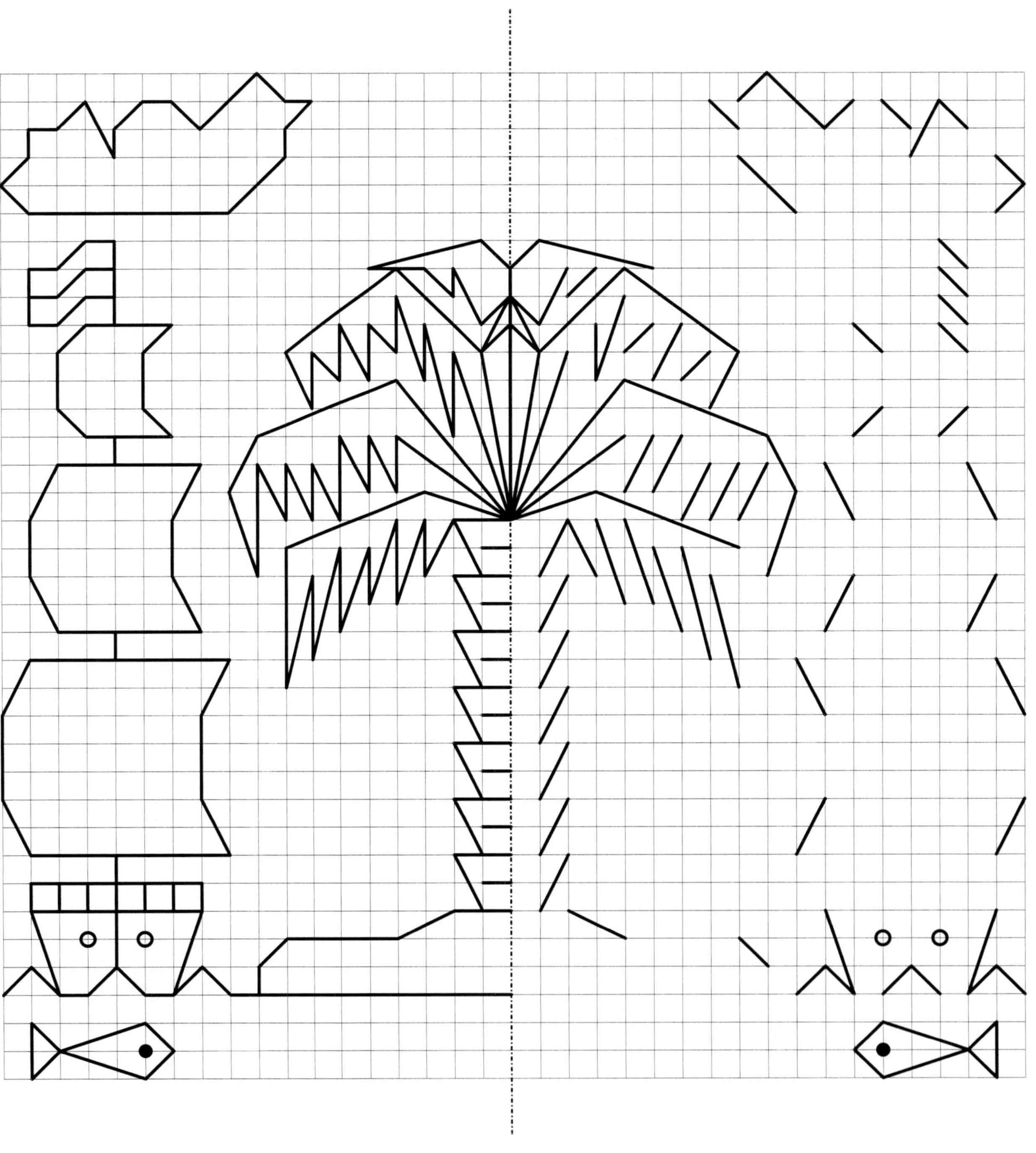

Zeichenspaß mit Spiegelbildern

Zugegeben, es ist schon selten, dass zwei Segelschiffe an einer kleinen Insel mit einer einzigen Palme vorbeifahren. Ergänze trotzdem das Bild und male es bunt aus.

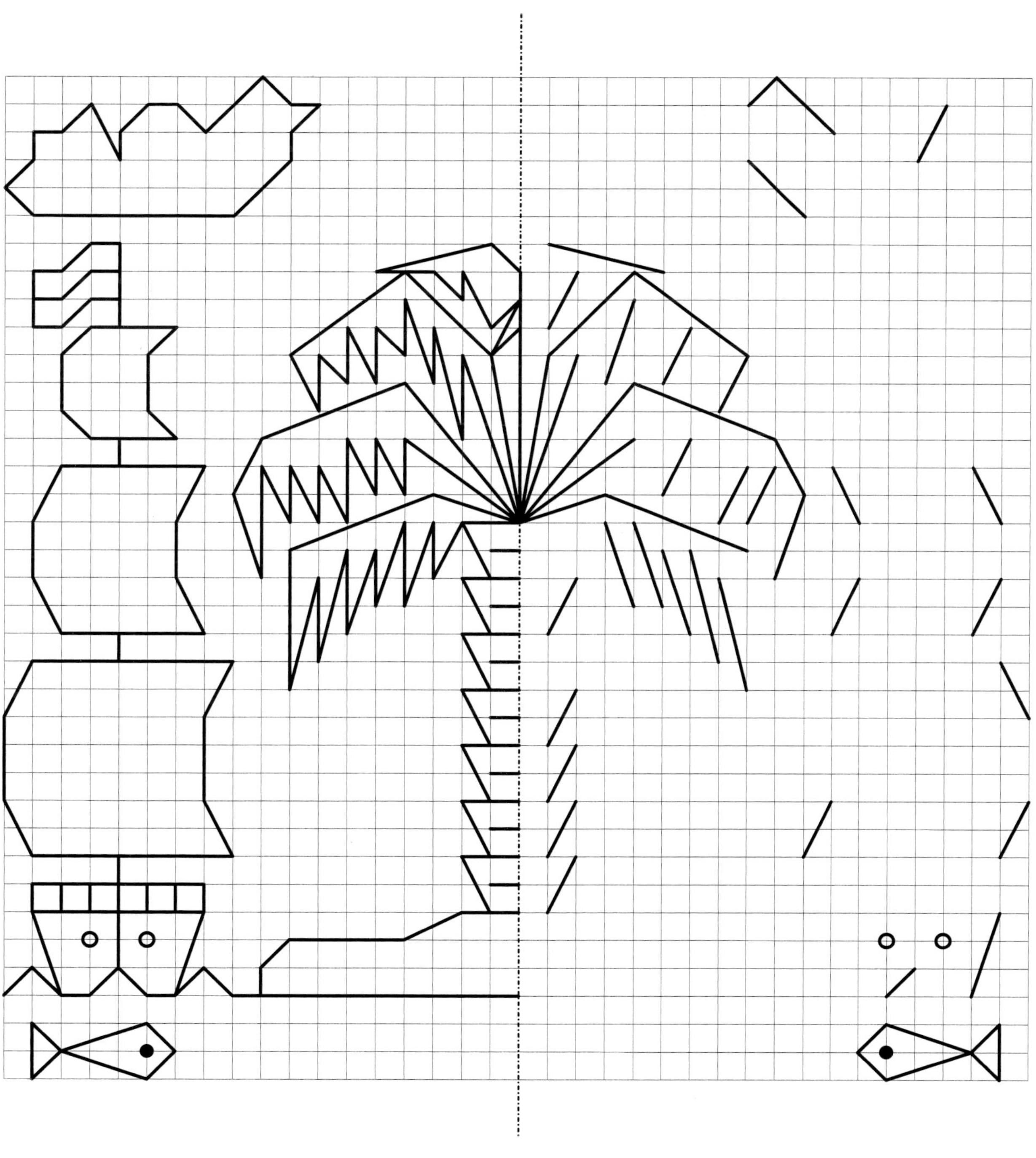

Zeichenspaß mit Spiegelbildern

Zugegeben, es ist schon selten, dass zwei Segelschiffe an einer kleinen Insel mit einer einzigen Palme vorbeifahren. Ergänze trotzdem das Bild und male es bunt aus.

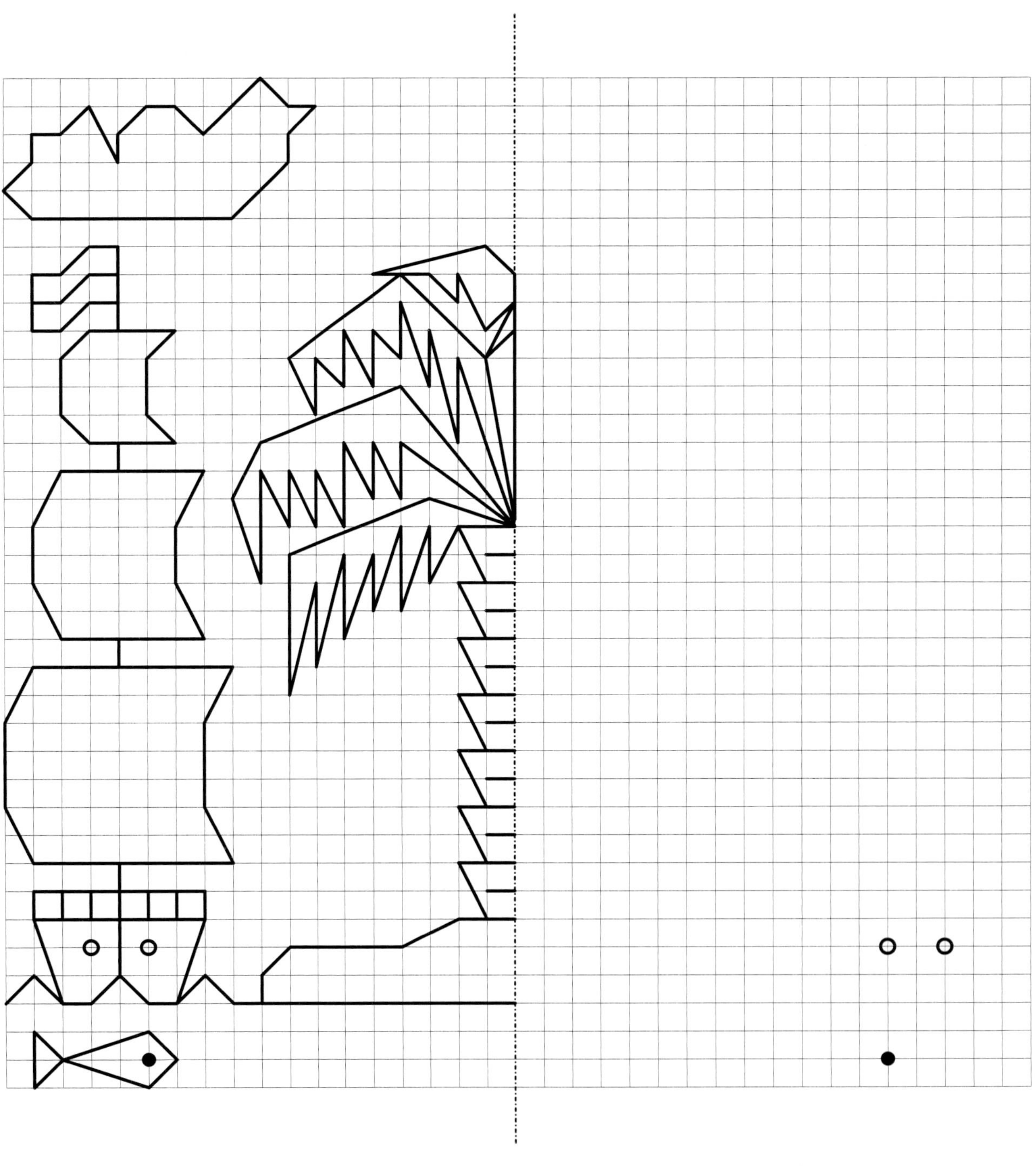

Zeichenspaß mit Spiegelbildern

Wenn so ein Wikingerschiff am Horizont auftauchte, dann war höchste Gefahr im Verzug. Schaffst du es, das Schiff zu ergänzen? Male dann in verschiedenen Farben aus!

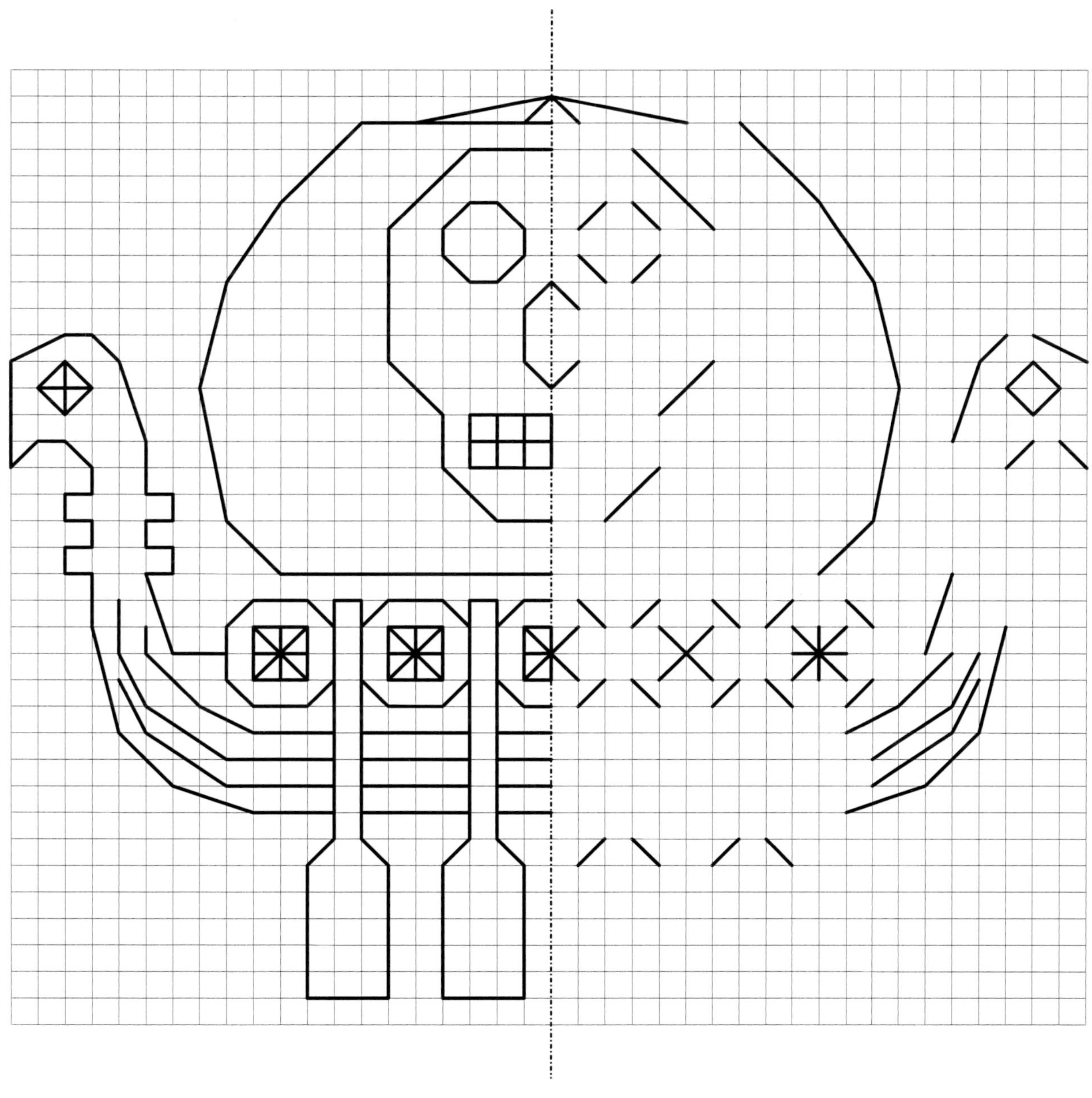

Zeichenspaß mit Spiegelbildern

Wenn so ein Wikingerschiff am Horizont auftauchte, dann war höchste Gefahr im Verzug. Schaffst du es, das Schiff zu ergänzen? Male dann in verschiedenen Farben aus!

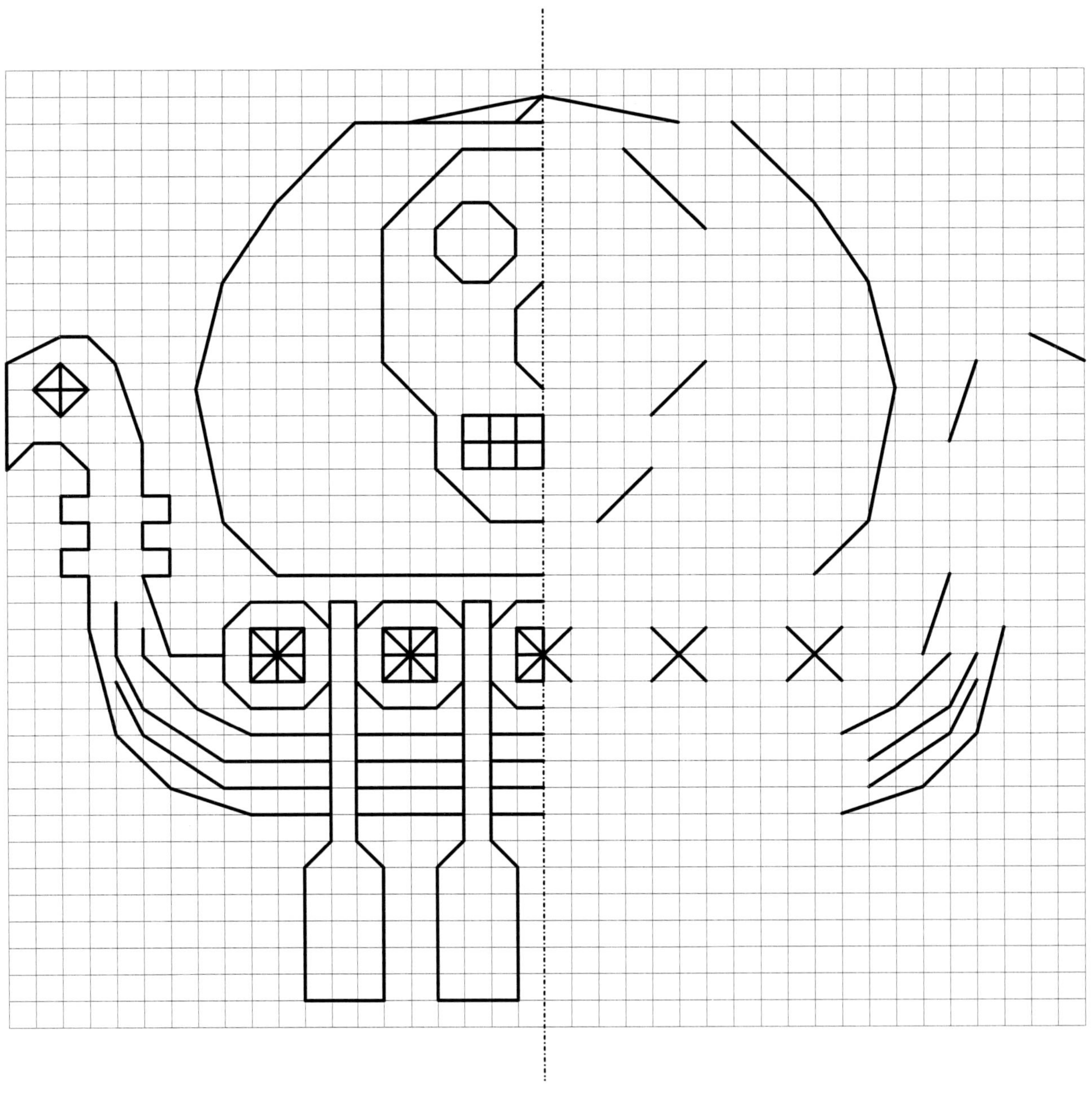

Zeichenspaß mit Spiegelbildern

Wenn so ein Wikingerschiff am Horizont auftauchte, dann war höchste Gefahr im Verzug. Schaffst du es, das Schiff zu ergänzen? Male dann in verschiedenen Farben aus!

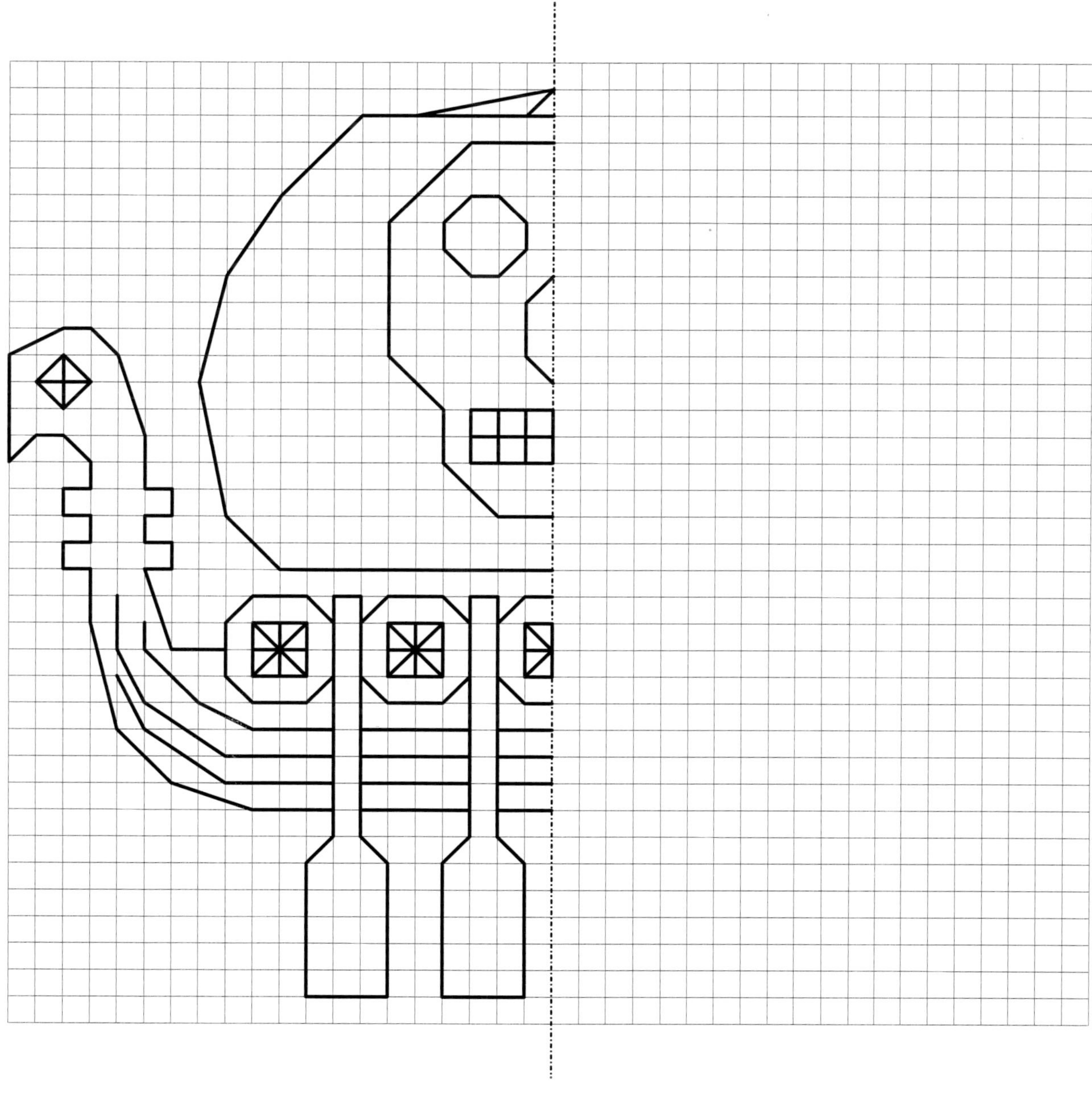

Zeichenspaß mit Spiegelbildern

Wer trampelt da so durch die Steppe und ist auf Futtersuche?
Klaro, ein halber Elefant, bei dem ich dir auf der rechten Seite bereits einige Linien vorgegeben habe. Spiegele ihn an der gekennzeichneten Achse und male das fertige Bild aus.

Zeichenspaß mit Spiegelbildern

Wer trampelt da so durch die Steppe und ist auf Futtersuche?
Klaro, ein halber Elefant, bei dem ich dir auf der rechten Seite
bereits einige Linien vorgegeben habe. Spiegele ihn an
der gekennzeichneten Achse und male das fertige Bild aus.

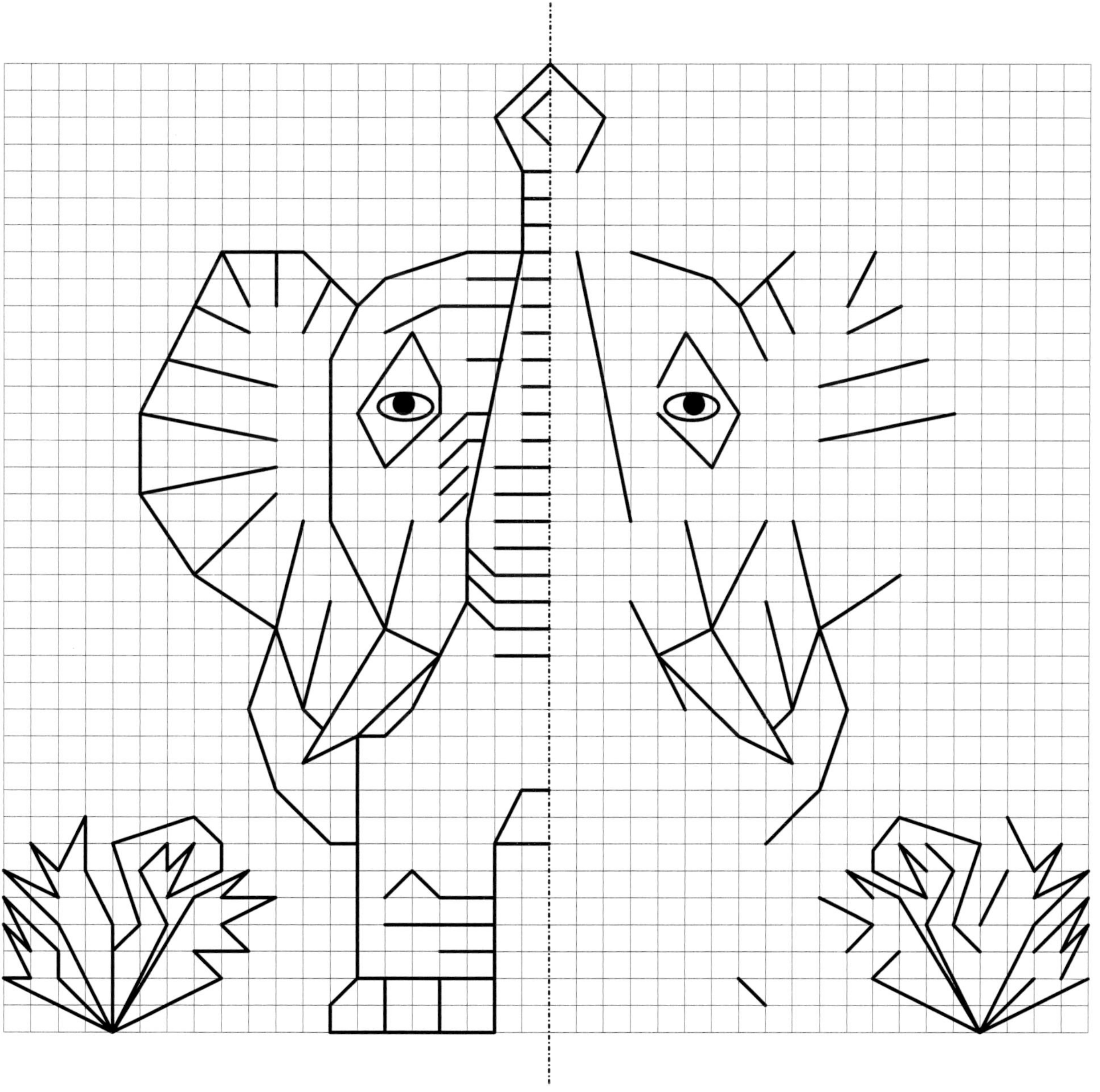

Zeichenspaß mit Spiegelbildern

Wer trampelt da so durch die Steppe und ist auf Futtersuche?
Klaro, ein halber Elefant. Spiegele ihn an
der gekennzeichneten Achse und male das fertige Bild aus.

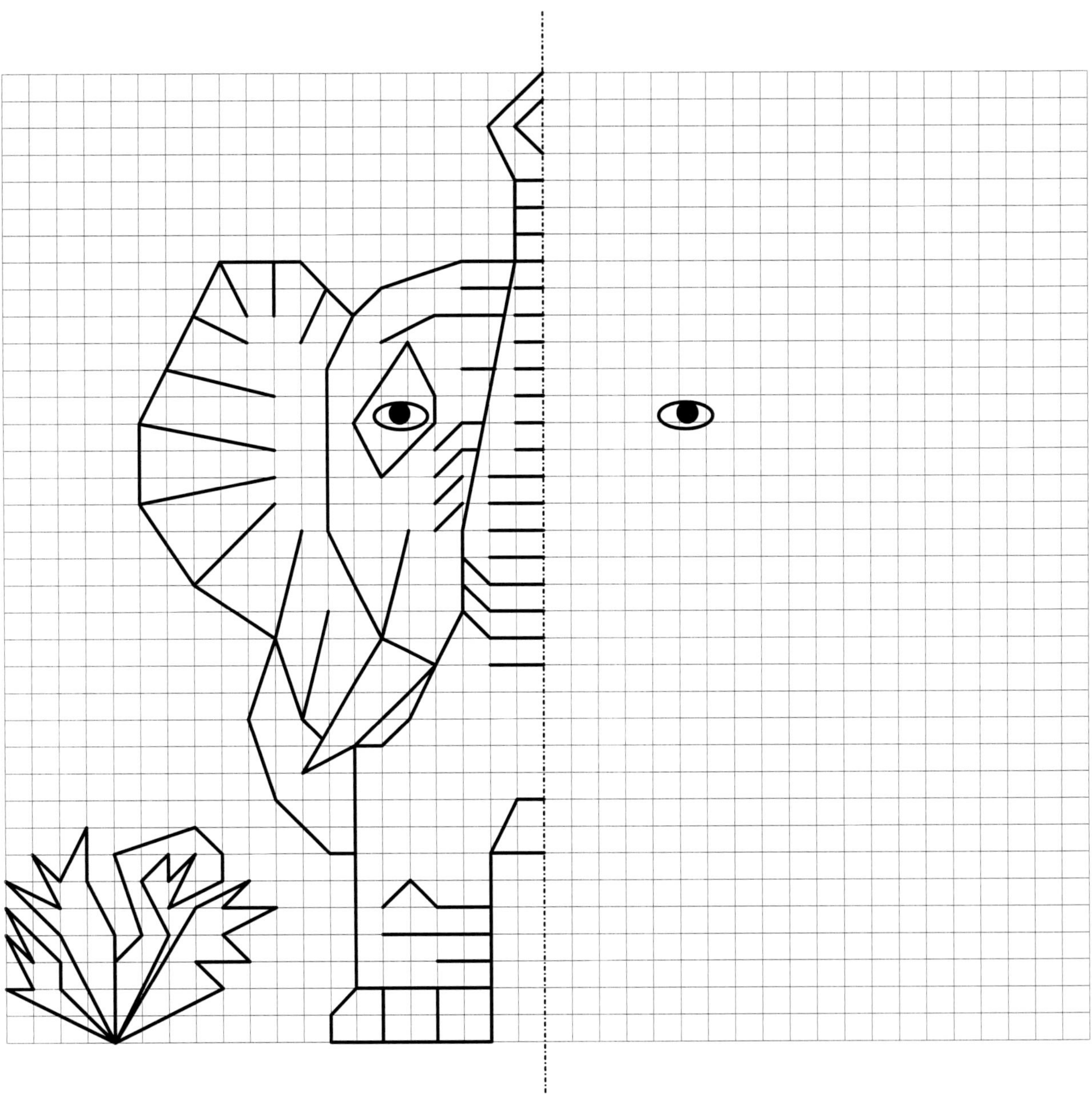

Zeichenspaß mit Spiegelbildern

Ergänze das halbe Indianergesicht an der gekennzeichneten Achse.
Verpasse ihm dann die richtige Kriegsbemalung.

Zeichenspaß mit Spiegelbildern

Ergänze das halbe Indianergesicht an der gekennzeichneten Achse.
Verpasse ihm dann die richtige Kriegsbemalung.

Zeichenspaß mit Spiegelbildern

Ergänze das halbe Indianergesicht an der gekennzeichneten Achse.
Verpasse ihm dann die richtige Kriegsbemalung.

Zeichenspaß mit Spiegelbildern

So richtig wunderschön wird der Schmetterling erst, wenn du ihn an der gekennzeichneten Achse spiegelst und farbig ausmalst.

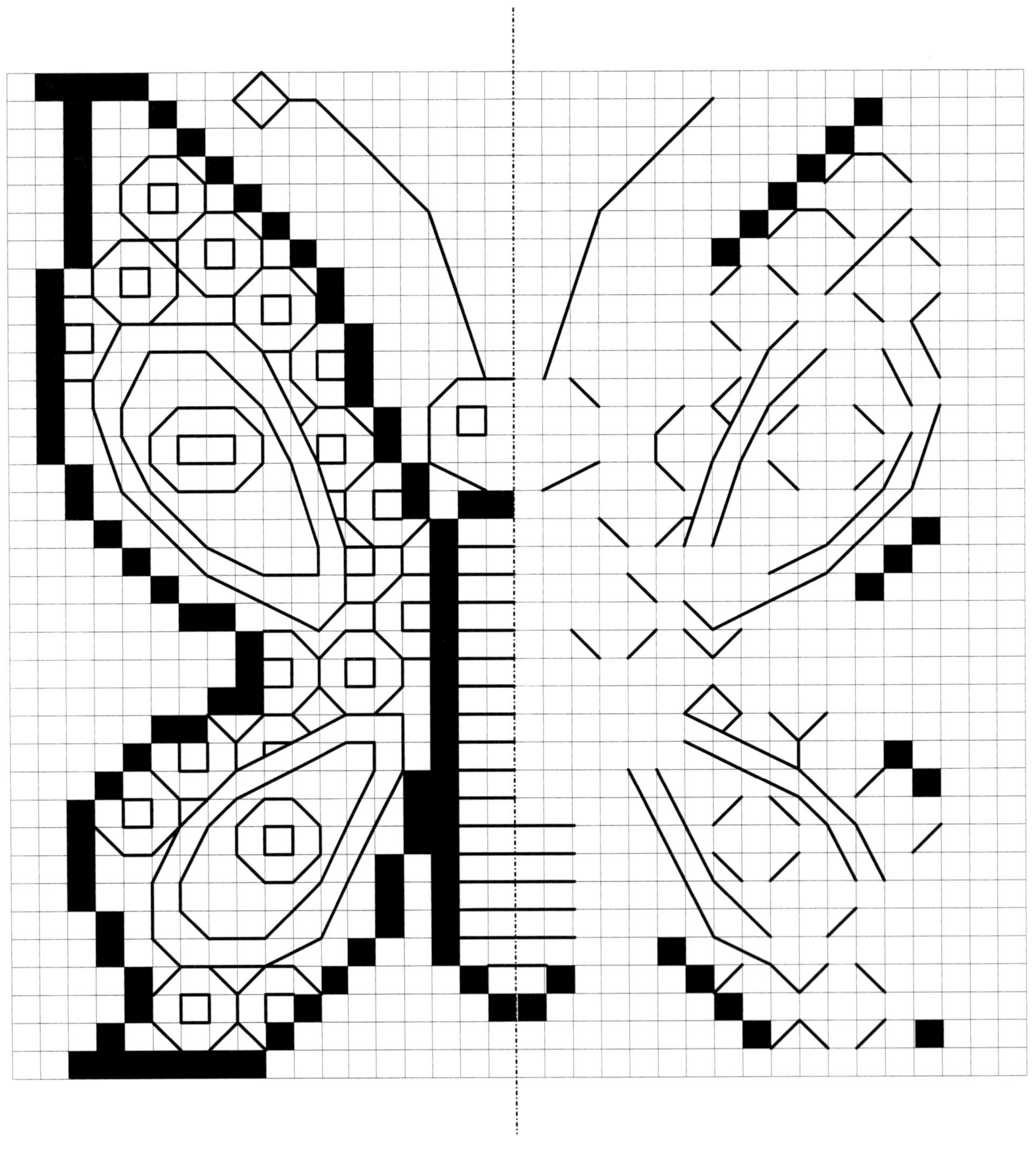

Zeichenspaß mit Spiegelbildern

So richtig wunderschön wird der Schmetterling erst, wenn du ihn an der gekennzeichneten Achse spiegelst und farbig ausmalst.

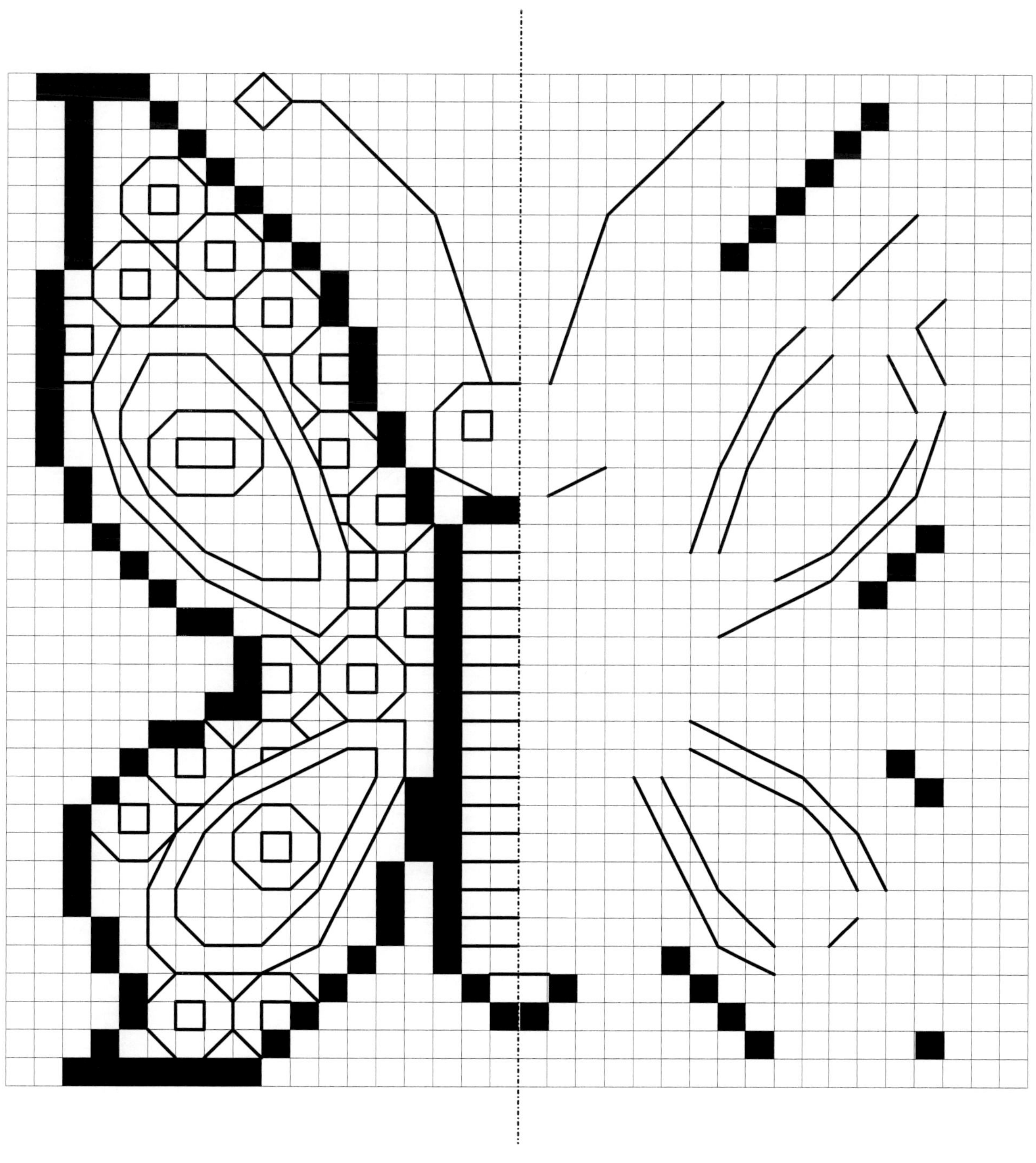

Zeichenspaß mit Spiegelbildern

So richtig wunderschön wird der Schmetterling erst, wenn du ihn an der gekennzeichneten Achse spiegelst und farbig ausmalst.

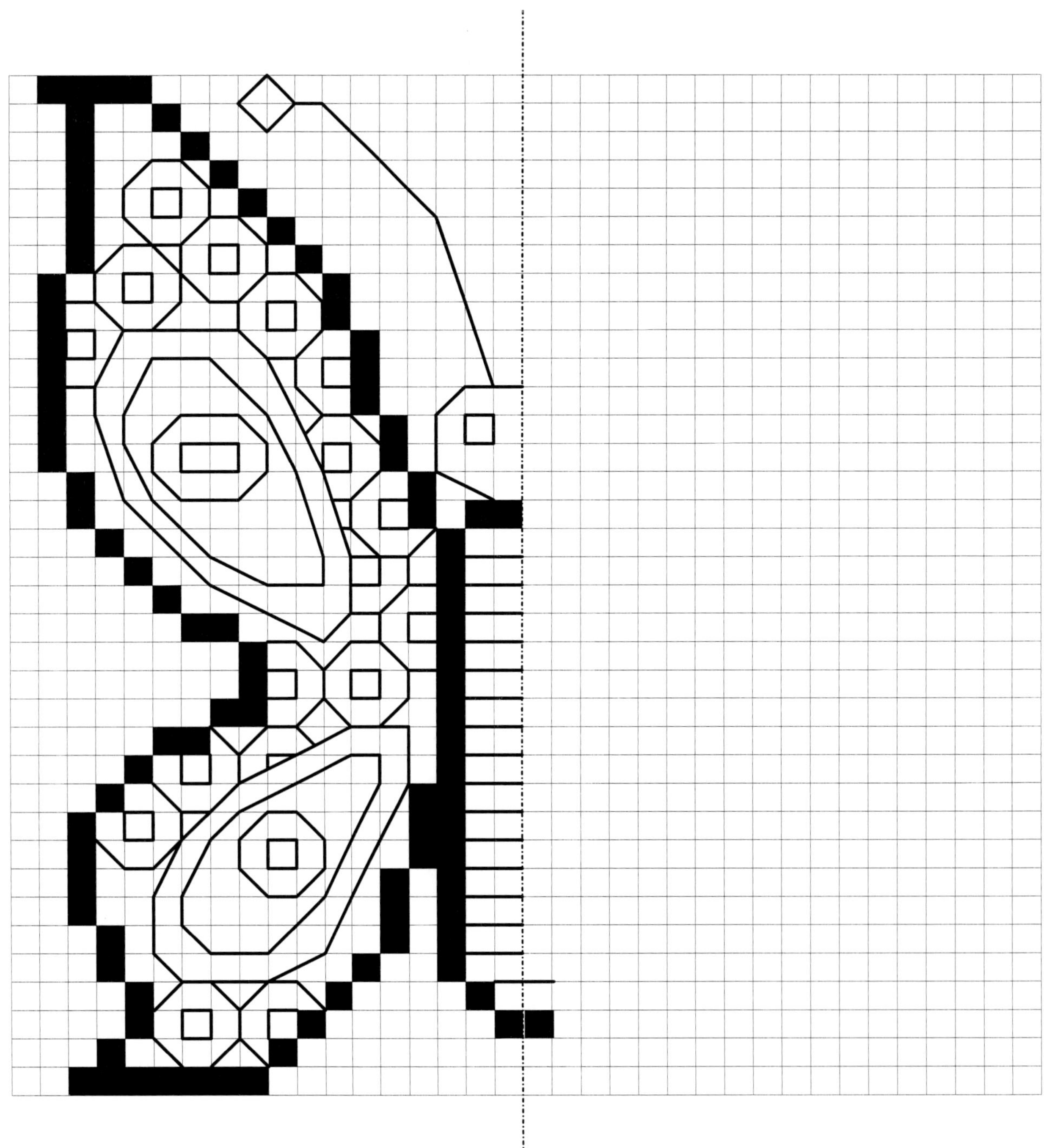

Zeichenspaß mit Spiegelbildern

Ja, gibt es denn so etwas, Zwillingspapageien auf einem Ast im Urwald? Ergänze schnell den zweiten Ara und natürlich die wunderschönen Orchideen. Male dein Bild farbig aus.

Zeichenspaß mit Spiegelbildern

Ja, gibt es denn so etwas, Zwillingspapageien auf einem Ast im Urwald? Ergänze schnell den zweiten Ara und natürlich die wunderschönen Orchideen. Male dein Bild farbig aus.

Zeichenspaß mit Spiegelbildern

Ja, gibt es denn so etwas, Zwillingspapageien auf einem Ast im Urwald? Ergänze schnell den zweiten Ara und natürlich die wunderschönen Orchideen. Male dein Bild farbig aus.

Zeichenspaß mit Spiegelbildern

Nichts geht doch über eine Portion frischer Blätter, mögen sich die beiden Giraffen denken. Spiegele schnell an der gekennzeichneten Achse und male dein Bild farbig aus.

Zeichenspaß mit Spiegelbildern

Nichts geht doch über eine Portion frischer Blätter, mögen sich die beiden Giraffen denken. Spiegele schnell an der gekennzeichneten Achse und male dein Bild farbig aus.

Zeichenspaß mit Spiegelbildern

Nichts geht doch über eine Portion frischer Blätter, mögen sich die beiden Giraffen denken. Spiegele schnell an der gekennzeichneten Achse und male dein Bild farbig aus.

Zeichenspaß mit Spiegelbildern

Zeichne eine vollständige Eule, indem du an der gekennzeichneten Achse spiegelst. Ein paar Linien habe ich dir schon vorgegeben, damit es nicht ganz so schwer wird. Male dein Bild aus.

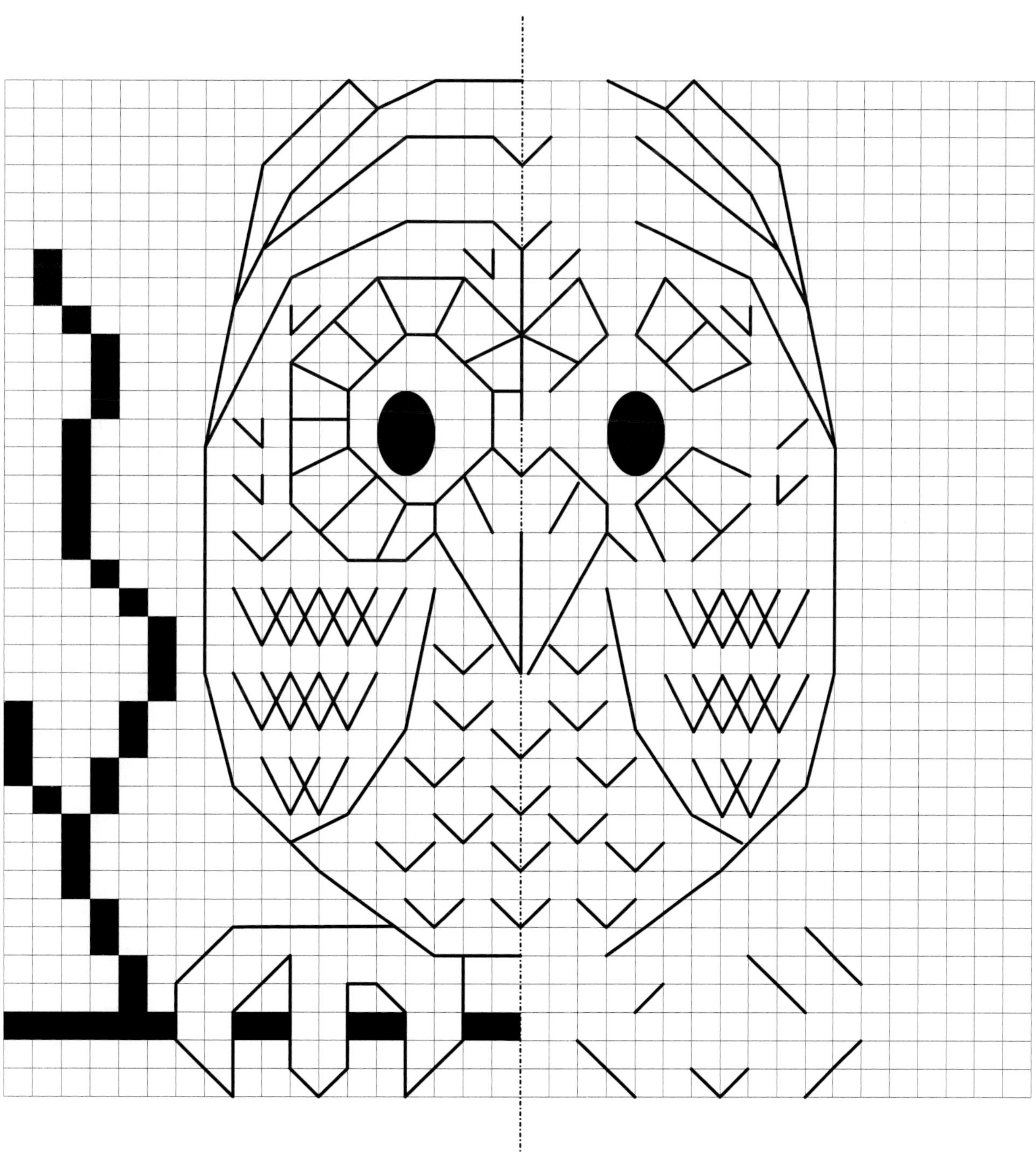

Zeichenspaß mit Spiegelbildern

Zeichne eine vollständige Eule, indem du an der gekennzeichneten Achse spiegelst. Ein paar Linien habe ich dir schon vorgegeben, damit es nicht ganz so schwer wird. Male dein Bild aus.

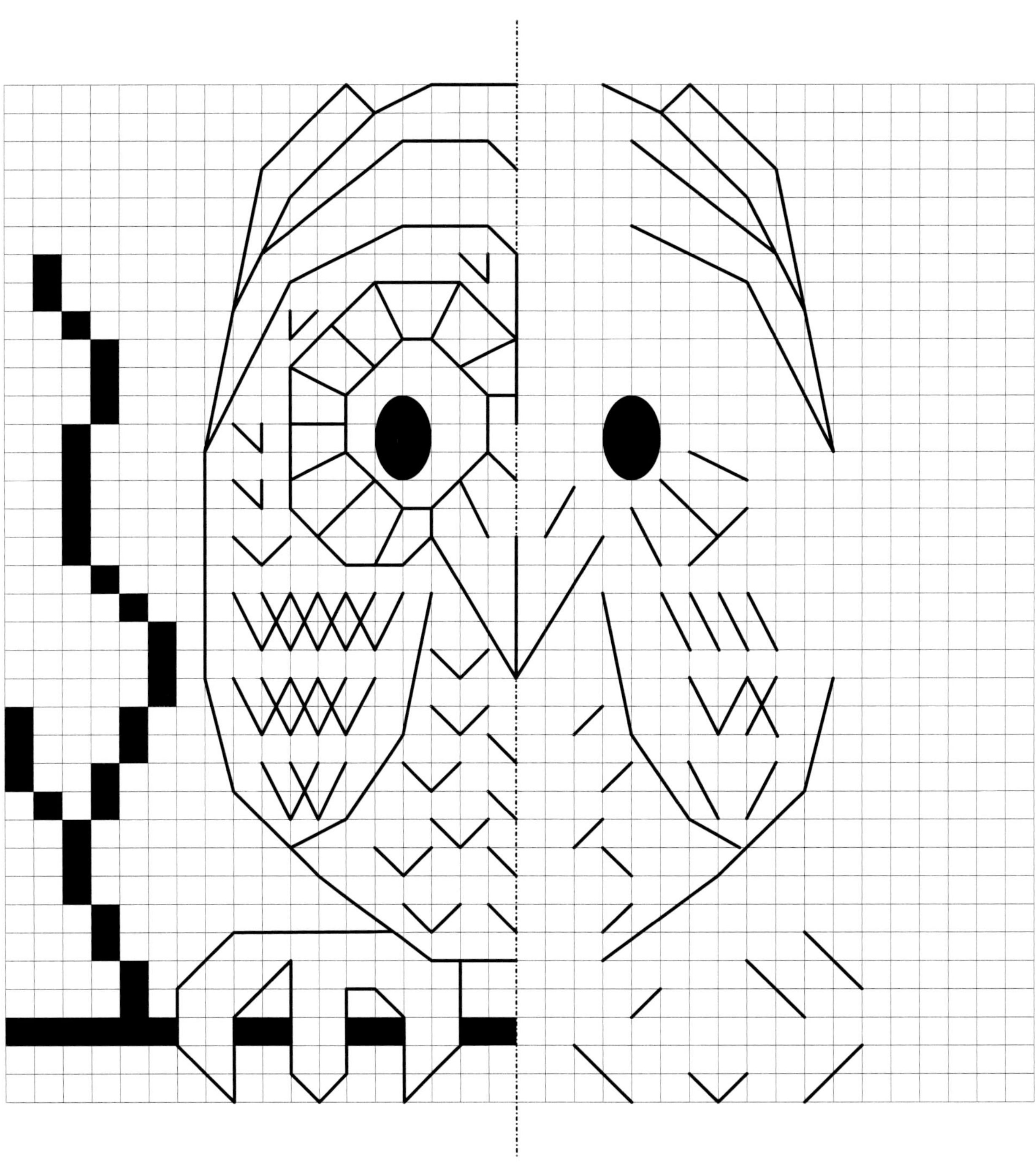

Zeichenspaß mit Spiegelbildern

Zeichne eine vollständige Eule, indem du an der gekennzeichneten Achse spiegelst. Male dein Bild aus.

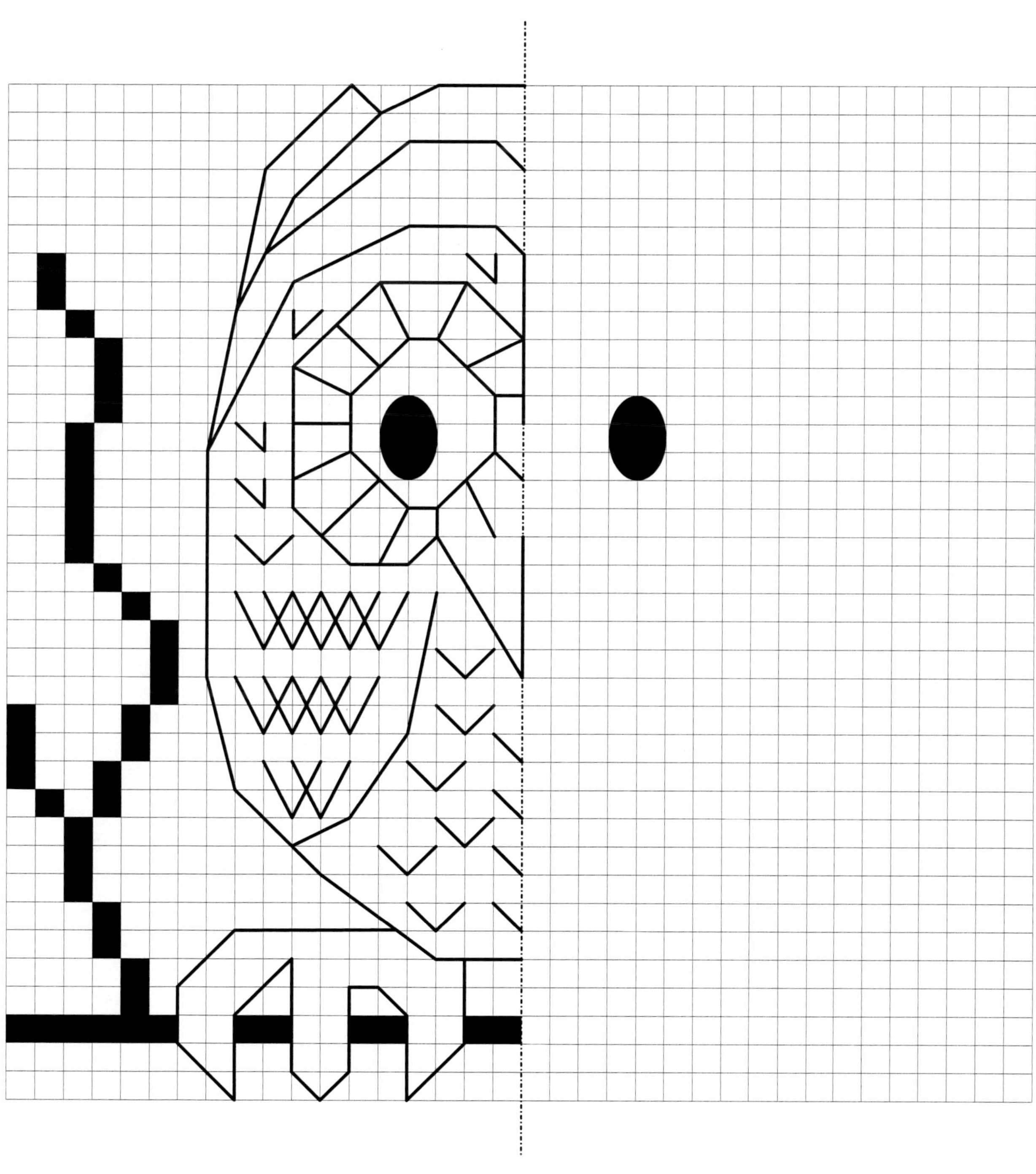

Zeichenspaß mit Spiegelbildern

In so einem molligen Nest fühlt sich ein Storchenküken richtig wohl. Vor allem wenn Papa und Mama Storch einen umsorgen. Spiegele das Bild an der gekennzeichneten Achse und male dein Bild farbig aus. Okay, okay, das Nest wird schwierig, aber das schaffst du schon!

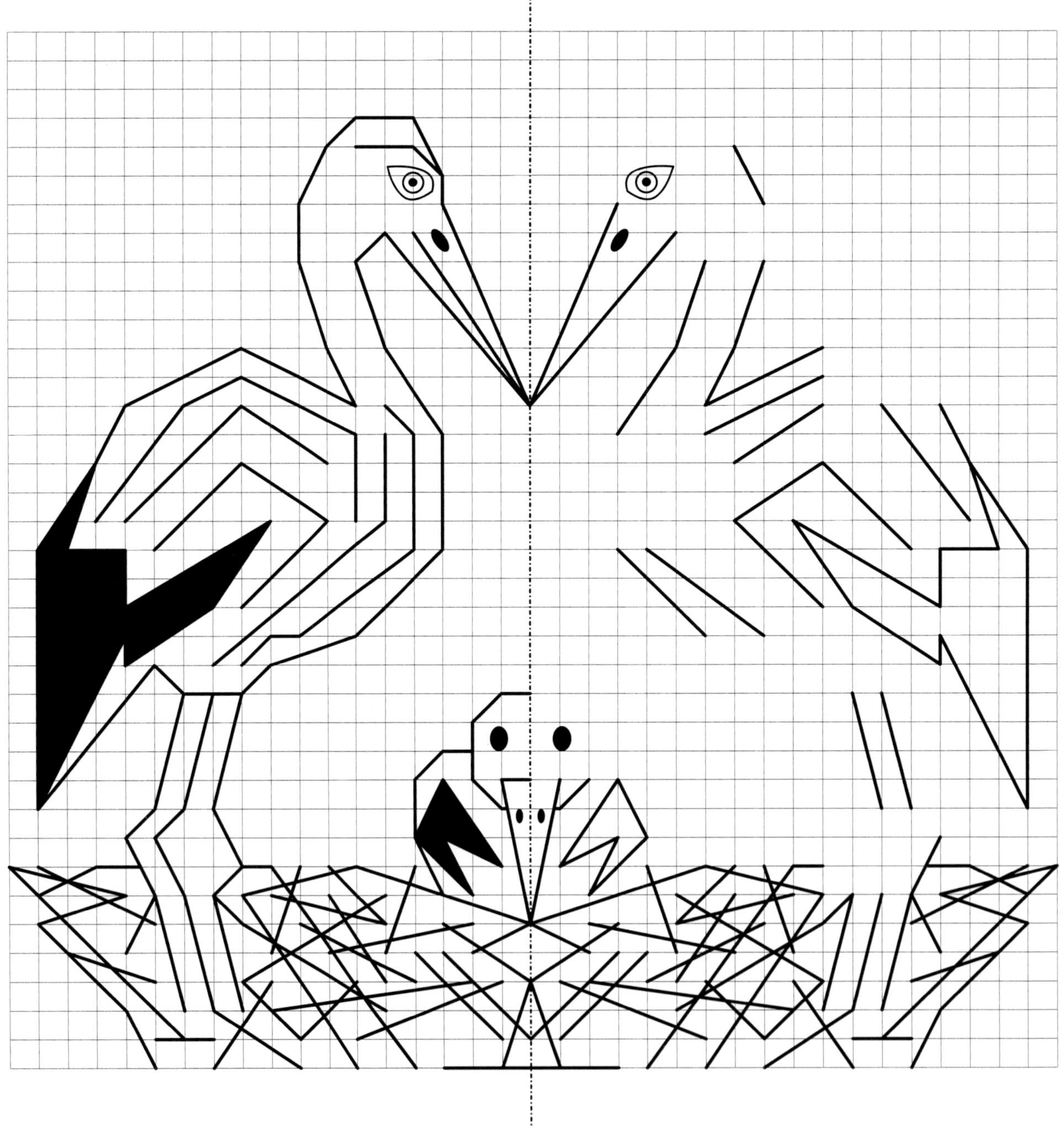

Zeichenspaß mit Spiegelbildern

In so einem molligen Nest fühlt sich ein Storchenküken richtig wohl. Vor allem wenn Papa und Mama Storch einen umsorgen. Spiegele das Bild an der gekennzeichneten Achse und male dein Bild farbig aus. Okay, okay, das Nest wird schwierig, aber das schaffst du schon!

Zeichenspaß mit Spiegelbildern

In so einem molligen Nest fühlt sich ein Storchenküken richtig wohl. Vor allem wenn Papa und Mama Storch einen umsorgen. Spiegele das Bild an der gekennzeichneten Achse und male dein Bild farbig aus. Okay, okay, das Nest wird schwierig, aber das schaffst du schon!

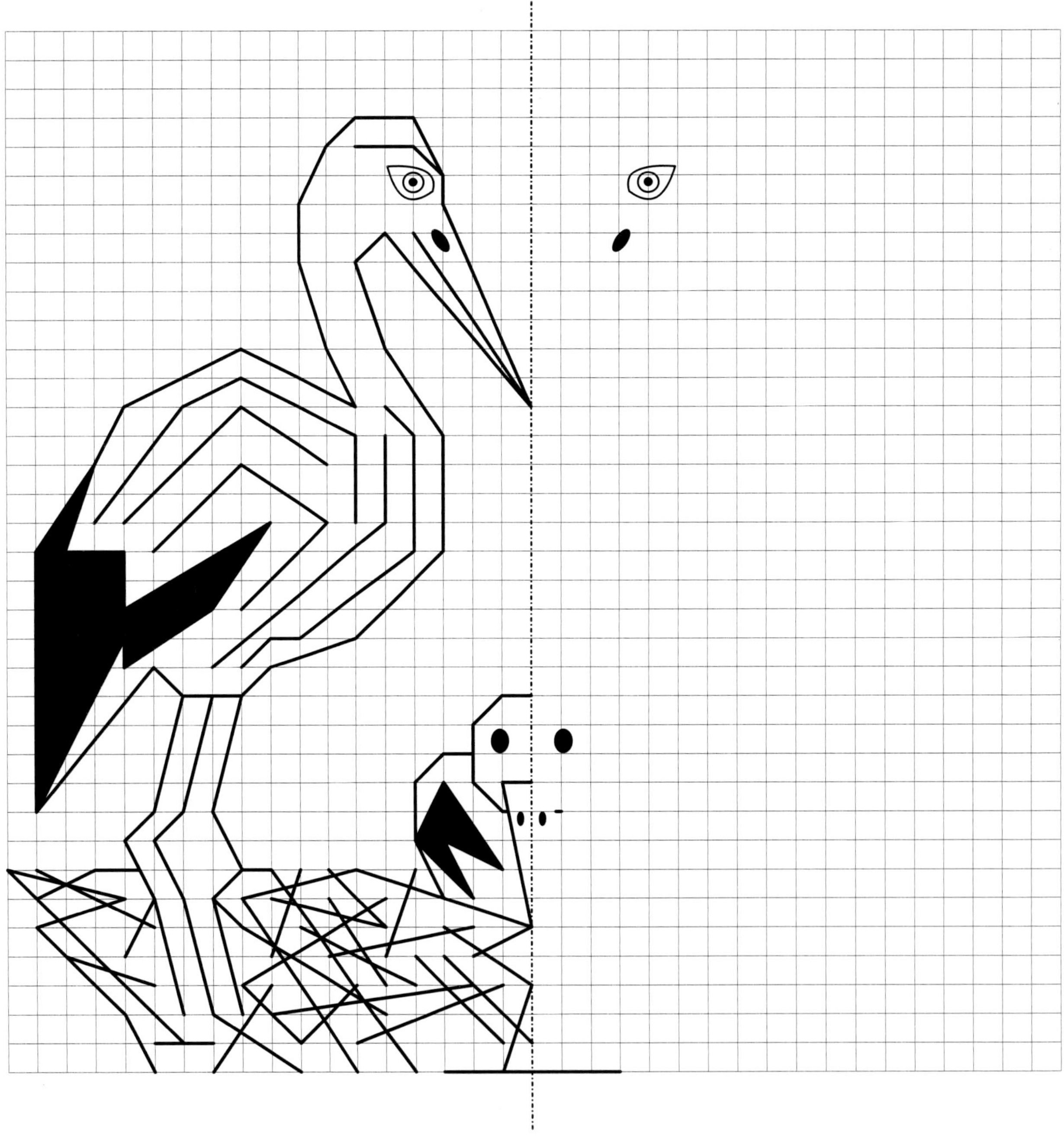